Marianne Elisabeth Ziegler

DIE WIEDER-HEILIGUNG DER MENSCHEN UND DER HEILPFLANZEN

im Ur-Zustand der wahrhaftigen Trinität

Das Standardwerk
für innerlich erwachte Menschen

Gestaltung Umschlag, Innenseiten und Illustrationen:
TORRES & FUß, D-Heilbronn, www.torres-fuss.de

Druck: Druckerei Triner AG, CH-6430 Schwyz
www.triner.ch

1. Auflage 2015

ISBN 978-3-9524297-1-6

Weitere Publikationen:

Die 12 grossen Heilbäume Mitteleuropas
ISBN 978-3-9524297-0-9

Das irdische Koch-Lese-Schmunzelbuch
Weitere Informationen: **www.initiative-herzwissen.com**

Dieses Buch ist ALLEN Mitgeschöpfen auf dem Planeten Erde gewidmet!

Einstimmung zu diesem Buch

Der Erzengelwurz, der spricht zu uns:

Hältst Du es für möglich, einen Menschen vollständig zu zerlegen, ihn auf seine chemischen Grundbestandteile zu reduzieren, das Ergebnis in eine messende und analysierende Maschine einzuspeisen und daraus zu schliessen, dass er ein begabter Musiker oder ein kreativer Maler ist? Nein? – Warum glaubst Du dann, dass Du etwas über mich weisst, wenn Du dies mit meinem physischen Körper getan hast?

Werde ein Weiser und nimm mich als Lehrer. Komm, setz Dich zu mir. Ich werde Dir Rituale und Schlüsselwörter schenken, damit Du meine Geschwister rufen und Dich mit der wahrhaftigen Schöpfung wieder vereinen kannst.

(nach Stephen Harrod Buhner, Sacred Plant Medicine)

Diese Rituale und Schlüsselwörter und noch vieles mehr werden Ihnen mit diesem Buch offenbart.

Tanz in Farbe (Ausschnitt), **2003** *Alfons Bürgler*

Inhaltsverzeichnis

Teil 2

Die Wieder-Heiligung aus dem Einem mit Allem

Teil 3 Die Wieder-Heiligung des Menschen mit den Goldenen und Smaragdinen Heilpflanzen

Die wahrhaftige Wieder-Heiligung des Menschen in der Non-Dualität mit den Smaragdinen Heilpflanzen

Vorwort

Mit dieser Publikation darf allen wissbegierigen Menschen die Methodik für die grundlegende Veränderung zur nun erforderlichen Evolution der Menschheit im Einklang mit Himmel und Erde überbracht werden. Sie entstammt der immerwährenden, ewigen Philosophie mit ihrer Trinität und hat darum universelle Gültigkeit wie beispielsweise auch die Veden. Unter „Trinität" wird die Heilige Dreifaltigkeit verstanden, welche Voraussetzung für die notwendige Substanz ist, nach der jeder interessierte Mensch genau nachvollziehen kann, in welchem Kontext diese Publikation entstanden ist. Weitere diesbezügliche Angaben finden Sie in meinem Werk „Die 12 grossen Heilbäume Mitteleuropas".

Die Trinität wird mit diesem Buch in den anfänglichen Ur-Zustand zurückversetzt – also in das **EINE**, aus dem **ALLES** gewandelt werden darf, wie es Ihnen im Kapitel über die Smaragdinen Tafeln des Hermes Trismegistos offenbart wird. Es wird zudem dargelegt, dass die Trinität, wie sie bis heute angewendet wird, keinesfalls als falsch bezeichnet werden kann, weil sie der so genannten lauen Ebene angehört, die weder ganz falsch noch ganz richtig ist. Die heutige Trinität „Im Namen des Vaters, des Sohnes und des Heiligen Geistes" ist genau so zu verstehen und nicht etwa in einer Schwarzweissmalerei von Richtig oder Falsch.

Aus mystischer Sicht hat alles seine Zeit und seine Berechtigung, und darum sind auch Anmerkungen über zu verändernde Situationen oder über bestimmte Menschengruppen niemals als Diffamierung oder als Vorwand für irgendetwas zu verstehen, sondern als Hilfe zur Bewusst-Werdung für jedes interessierte Individuum.

Die universelle Mystik wertet nicht, sondern stellt lediglich fest. Und vor allem lässt sie jedem Menschen die Möglichkeit, sich wie eine Pflanze aus sich selbst heraus im Einklang mit Himmel und Erde weiter entwickeln zu dürfen. Der Kontext hierzu wird in diesem Buch ebenfalls offenbart.

Manche Passagen sind bewusst allgemein formuliert, damit sich die Wahrhaftigkeit, die höchste aller Wahrheiten, denjenigen offenbaren kann, die dazu eine Berufung haben. Unsere Erfahrungen in der Akademie für Naturgelehrte haben gezeigt, dass für eine solche Berufung keineswegs eine akademische Laufbahn Voraussetzung ist, sondern dass vielmehr seelische Reife und Herzensbildung gegenüber allen Mitgeschöpfen eine ganz grosse Unterstützung und die beste Voraussetzung für die Wieder-Heiligung der Menschen sind.

Auf Grund von persönlich Erfahrungen mit diesem Weg möchte ich allen Interessierten empfehlen, das Buch zur Orientierung so lange durchzulesen, bis die wichtigsten Eckpfeiler, die hier mit Absicht mehrmals erwähnt werden, verinnerlicht sind, und anschliessend jedes Chakra mit jeder Heilpflanze Schritt für Schritt so lange zu erarbeiten, bis sich das Gefühl eingestellt hat, den Gipfel erklommen zu haben.

Diese Schrift zeigt auch auf, dass das Paradigma von Gut und Böse die Wurzel aller Probleme der Menschheit ist – und wie es aufgelöst werden kann. Dazu sind die Goldenen und Smaragdinen Heilpflanzen, welche mit anderen Namen rund um den Globus zu finden sind, die idealen Helfer und Heiler. Wer könnte einen solch wichtigen Schritt besser erklären als eine Heilpflanze selbst?

Für unsere Wieder-Heiligung ist Demut der erste besonders wichtige Lernschritt, wobei die höchste aller Stufen der Demut gemeint ist: jene Stufe, auf der der Mensch erkennen darf, dass er keineswegs das alles überragende Überwesen auf unserem blauen Planeten ist, sondern ein gleichberechtigtes Rädchen (wie alle anderen Mitgeschöpfe auch) in einem viel grösseren und vor allem weiseren, universelleren Räderwerk, als es uns unser egoverblendeter Mikrokosmos vorgaukelt, der sich schlussendlich als nichtige Illusion auf einem Berg unnötiger Probleme erweisen wird.

Dieses Buch sieht es als seine grosse Aufgabe an, der Menschheit ihre neu ausgerichtete Bestimmung übergeben zu dürfen. Eine Bestimmung, welche es allen Lesern ermöglicht, die Worte gut oder böse, richtig oder falsch, giftig oder nicht-giftig aus dem Vokabular streichen zu können, um den weiteren Lebensweg im Einklang mit der gesamten Schöpfung selbstbestimmt in ureigensten Lernschritten gehen zu dürfen.

Unteriberg, Kanton Schwyz, im Sommer 2014 – vollendet am 8. 8.

Marianne Elisabeth Ziegler

Bioenergethik als Einstieg zur Heiligung von Mensch und Heilpflanze

Was ist Bioenerghetik in uns Menschen?

Das Wort Bioenergethik ist bereits von der lauen Ebene der heutigen Wissenschaften bekannt und wird auf dieser Ebene ohne h im Wortteil als „Energetik" geschrieben. Sowohl in der lauen Botanik wie auch in der ebenso lauen Psychotherapie wird dieses Wort verwendet. Was laue Ebene im mystischen Sinne bedeutet, wird an verschiedenen anderen Stellen dieser Publikation erklärt. Zur Einstimmung hierfür nun ein Gedicht-Zweizeiler mit dem Titel „Feingefühl" von Eugen Roth, der die laue Ebene in seinem Buch „Mir geht's schon besser, Herr Professor!" auf den Punkt genau folgendermassen umschreibt:

Ein Mensch sieht ein – und das ist wichtig:
Nichts ist ganz falsch und nichts ganz richtig.

Das Doppelwort Bioenergetik stammt aus dem Griechischen und setzt sich aus Bios „Leben" und dem Energeia zusammen, was auf Deutsch „Energie" bedeutet. Wir beschäftigen uns also in diesem Buch mit der Lebensenergie von Mensch und Heilpflanze, genauer gesagt mit den seelischen und somit unbegrenzten Kräften beider Arten.

In unserem Fall begegnen wir der Bioenergethik in ihrer reinsten Form, die sich aus diesem Grund mit h schreiben darf. So wird das Unterwort „Ethik" mit eingeschlossen, wodurch dieses Buch auch den Zweck hat, uns auf die ethische Verpflichtung gegenüber allen anderen Mitgeschöpfen zu erinnern. In der Mystik gibt es für jede wissenschaftliche Bezeichnung drei verschiedene Ebenen, die sich wiederum aus drei verschiedenen Stufen der Wahrheit zusammensetzen – aus der subjektiven, der objektiven und der wahrhaftigen Wahrheit. Letztere kommt der absolutistischen Wahrheit am nächsten, hat aber auf keinen Fall einen absolutistischen Machtanspruch wofür auch immer. Diese drei Ebenen beschäftigen uns im gewandelten Sinne auch wieder bei den Heilpflanzen.

Die Bioenergethik, wie wir sie verstehen, macht das Verborgene erfahrbar. Sie holt eine neue Dimension ins Bewusstsein unseres Lebens und befreit uns von unserem Tunnelblick. Bei manchen Menschen ist der Tunnel eingleisig, bei anderen doppel- oder mehrspurig. Was ausserhalb des Tunnels liegt, wird meist vehement bestritten und bekämpft, insbesondere, wenn gekränkte Eitelkeit mit im Spiel ist.

Nach mystischem Verständnis sind alle Krankheiten Störungen im Energiehaushalt eines jeden Geschöpfes auf diesem Planeten und manifestieren sich auf der bioenergethischen Ebene folgendermassen (um nur einige zu nennen):

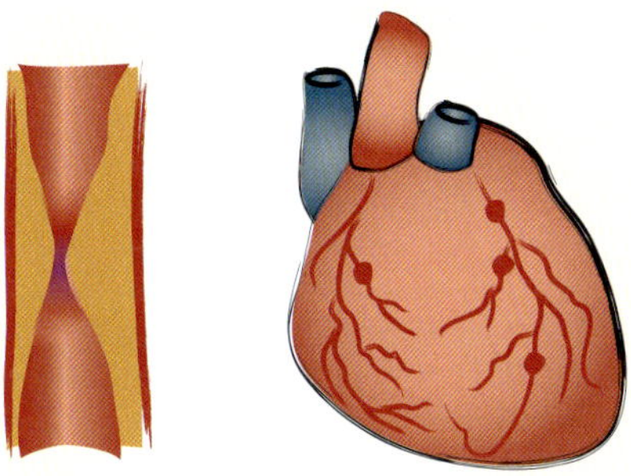

Herzinfarkt

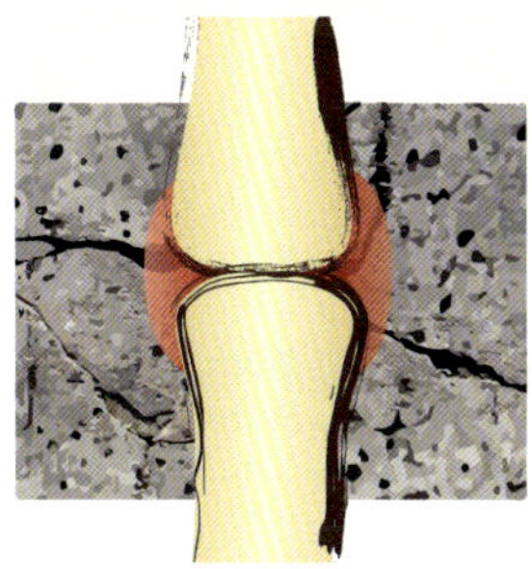

Arthrose

Krampfadern

Chronischer Schmerz

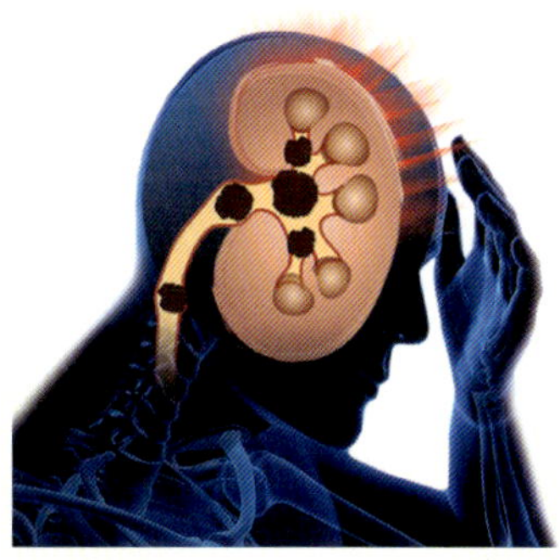

Nierensteine

Krebsgeschwür

Heutiger Wahrheitsgehalt

Die letzte Illustration offenbart zusätzlich eine weitverbreitete Halbwahrheit der lauen Ebene, die besagt, dass alles Schwingung sei. Der Kern jeder Schwingung ist Energie, sonst gäbe es nämlich gar keine Schwingung. Und ohne die Energie von Sonne und Erde gäbe es auch uns Menschen nicht, da ohne Energie kein Leben und somit auch keine Bewegung auf diesem Planeten möglich wären. Die Lebensenergie beziehen wir Menschen aus unserer unsterblichen Seele. Genau wie wir haben auch alle Mitgeschöpfe auf dieser Erde eine Seele. Die Seelenkräfte machen das Werden und Vergehen erst möglich. Die Energien der Seele formen unseren Charakter, unsere äussere Gestalt und unsere Stärken und Schwächen, sowie unsere Begabungen für bestimmte Dinge; vor allem sind in der Seele die Lernschritte für unseren jetzigen Lebenszyklus gespeichert, welche vor der Verkörperung im Mutterleib versiegelt und nach und nach freigegeben werden. Ist der Mensch einseitig kopflastig, also zu intellektuell, zu egomanisch, zu egoistisch oder zu narzisstisch, läuft er Gefahr, den Kontakt mit seiner Seele zu verlieren und einen Lebensweg einzuschlagen, der nichts mit seinen eigentlichen Aufgaben zu tun hat. Er beschreitet einen Weg, der ihm selbst Angst macht, und aus der Angst heraus entwickelt ein solches Wesen Krankheiten, die sich auf der geistig-intellektuellen, auf der seelischen und auch der physischen Ebene manifestieren können.

Die Seelenkräfte machen unsere Organe funktionsfähig. Jedes Organ kann genau so denken und fühlen wie wir auch. Die Seelenkräfte erneuern zudem ständig unseren gesamten Organismus, sofern wir dies zulassen. Sie erneuern unsere Zellen und Poren bis in den Zellkern. Vor allem können die feinstofflichen Kräfte dieser Ebene alle Widerstände und somit auch alle Krankheiten durchdringen und auflösen, genauso wie unsere weniger erwünschten Charaktereigenschaften, welche kopflastige Menschen bis heute immer noch in Mitmenschen hineininterpretieren, da sie sich weigern zuzugeben, dass auch sie nicht unfehlbar sind und dass sie sich gerne darstellen und dabei ihre Fassade mit Macht- und Imponiergehabe schmücken. Viele von ihnen sind von gedrungener Statur und haben einen breiten und kurzen Nacken. Sie stecken täglich in einer Abwehrhaltung gegenüber ihren Mitgeschöpfen fest und streiten alles ab, was ihr Selbstbild in irgendeiner Form stören könnte. Beweise erbringen müssen nur die anderen, schuldig sind auch immer nur die anderen und die eigenen Fehler machen ebenfalls die anderen.[1]

In der heutigen Zeit des verkopften, intellektuell-rationalen Denkens sind Menschen zum Teil seelisch derart verkümmert, dass sie für ihre Lebensenergie die Seelenkräfte der Mitmenschen und/oder der Haustiere anzapfen, um daraus Lebenskraft zu schöpfen und auf diese Weise ihre

[1] Obwohl bereits im Vorwort erwähnt – an dieser Stelle nochmals zur Bekräftigung: Alle Bemerkungen in diesem Buch sind unter dem Aspekt der Bewusst-Werdung zu verstehen und nicht als Vorwand für irgendetwas anderes oder zur Diffamierung von Mitgeschöpfen.

Krankheiten zu heilen. In der Psychotherapie wird dies mit Vampirismus betitelt. Sie saugen nicht unser Blut, dafür aber unsere Seelenkräfte. In typischer Manier erscheinen sie fit bis ins hohe Alter, frönen dem Fitnesswahn der heutigen Gesellschaft und zeichnen sich dadurch aus, dass sie nicht allein sein können. Vorzugsweise leben sie auf Kosten anderer. Partner werden sehr schnell gewechselt bzw. ersetzt, oder ist ein geliebtes Haustier verstorben, wird sogleich ohne Zögern ein anderes Geschöpf ins Haus geholt. Trauern benötigt viel Seelenkraft. Und wenn der seelische Akku bereits auf Minimum läuft, werden Emotionen aus überlebensstrategischen Gründen verdrängt, aber in den verbliebenen Teilen der Seele gespeichert, um uns bestenfalls im nächsten Leben eine Chance zu geben, unser Verhalten zu ändern; oder das Verdrängen manifestiert sich bereits in diesem Leben in einer Krankheit, welche solche Menschen dazu zwingt, sich mit sich selber beschäftigen zu müssen. In jeder Krankheit ist die Chance zur Veränderung unseres Verhaltens und somit zu unserer Weiterentwicklung verpackt. Eine Krankheit zu bekämpfen ist das denkbar Günstigste, um „weiterwursteln" zu können wie bisher. Darum bringt sie auch in den seltensten Fällen wahrhaftige Heilung, sondern bereitet eher den Nährboden für weitere und andere Krankheiten.

Alles, was wir als Krankheit empfinden, hat das Wort als Ursprung, und zwar sowohl das ausgesprochene Wort unserer Gedanken wie auch das stumm Gedachte. Diese Erkenntnis ist als ein Schritt auf dem Weg zu unserer Wieder-Heiligung sehr wichtig und wird deshalb mit Absicht in verschiedenen Abschnitten dieser Publikation wiederholt. Wenn Ihnen bewusst geworden ist, dass jedes Wort eine biochemische Reaktion in uns auslöst, denken Sie vielleicht beim nächsten Fluchen oder Schimpfen an diese Tatsache.

Mit unseren Worten ziehen wir Mitmenschen mit gleicher oder leicht abweichender Wortwahl an. Wortenergien können je nach Umgebung jahrelang in einem inner- oder ausserhäuslichen Raum hängen bleiben und demnach heilend oder vernichtend wirken. Da vermögen Räucherungen mit Heilpflanzen, Harzen, Baumrinden und Pilzen so manches auflösen. Um nicht vom Thema abzuschweifen, wird an dieser Stelle auf eingehende Erläuterungen der verschiedenen Räucherungen nicht extra eingegangen.

Unsere Wortenergien haben auch Pflanzen giftig gemacht, sie vergiften unsere Böden und unsere Luft. Sie vergiften mit Neid, Eifersucht oder Hass unsere Seelenkräfte, sie machen Tiere giftig und gefährlich. Und sie zerstörten unsere Verbindung mit dem Himmel und vor allem mit der

Erde, deren Folgen fast alle bis heute in schmerzhafter Weise ertragen müssen.

Jede Weltreligion kennt diese Tatsache aus ihren Schriften: „Am Anfang war das Wort" – und das Wort bin ich. Ich bin also das, was ich denke und somit ausspreche.

Wer andere beschimpft und erniedrigt, spricht von sich selber und schadet auf diese Weise den Mitgeschöpfen ebenso wie gerechterweise auch sich selbst. Wir erleben die Welt so wie wir denken. Unser Handeln wird von unserem Denken und somit vom Wort bestimmt.

Ein wichtiger Schritt zu unserer Wieder-Heiligung ist, unsere Worte zu hinterfragen. Zu diesem Zweck können Sie sich selber einen Tag lang mit einem Mikrophon begleiten und am Abend Ihre Aufnahmen abhören. Eine weitere Möglichkeit ist, Schweigetage oder eine ganze Schweigewoche einzulegen. Dadurch wird sich vieles auf persönliche Weise klären lassen und bewusst werden. Die Bewusst-Werdung ist der entscheidende Schritt in jedem Heilungsprozess. Populär ausgedrückt lässt er bei uns Menschen „die Schuppen von den Augen fallen". Unsere Gedanken werden klarer, die Wortwahl ändert sich, und wenn ein solcher Tag oder eine solche Woche mit Fasten einhergehen kann, haben Sie bereits viele Ihrer bioenergethischen Störungen ausleiten können.

Mit unseren Wortenergien können wir die Aufmerksamkeit des Himmels und seiner Wolken und die der Erde mit ihren Heilpflanzen, ihren Bäumen und ihren Tieren erwerben. Wer glaubt, mit Worten nur Mitmenschen erreichen zu können, darf sich der hier beschriebenen, grenzenlosen Bioenergethik anvertrauen, die jahrtausendealtes Wissen an dieser Stelle neu belebt.

Wir können damit auch Geister zu uns rufen, Elementarwesen wie Feen, Elfen, Zwerge, Wichtel, Trolle oder wen Sie sonst noch in Ihr Leben einladen wollen. Sie alle sind das persönliche Spiegelbild unserer seelischen Energien – genauso wie Gott oder ein Engel auch. Den Teufel mit seiner Hölle allerdings habe ich auch nach jahrzehntelanger Erfahrung mit der Anderswelt noch nirgends getroffen. Er dürfte mit grosser Wahrscheinlichkeit eine Kopfgeburt von Menschen sein, welche die Verbindung zu Himmel und Erde verloren haben, um dem Weltbild von Gut und Böse zu folgen.

Wir können mit dem Wort noch viel mehr, nämlich uns selber heilen, wie im nächsten Teil hinsichtlich des Ur-Alphabets beschrieben wird. Gerade kürzlich erhielt ich für die Richtigkeit meiner Arbeit einen weiteren Beweis. Ich hatte anlässlich eines Vortrages in Deutschland eben dieses Ur-Alphabet in ein gesungenes Mantra verpackt, was bei einer Besucherin einen wahren Heilungs-Tsunami auslöste. Da öffneten sich Energiebahnen, von denen auch ich überrascht wurde. Weitere Besucher haben dann festgestellt, dies sei ein hieb- und stichfester Beweis gewesen, der keiner weiteren Erklärung bedürfe.

Ich wünsche Ihnen, dass Sie in diesem Buch viele weitere Beweise entdecken, die Ihnen bestätigen, dass Sie für sich auf dem richtigen Weg zur Wieder-Heiligung sind und dies mit nicht-spektakulärer Unterstützung von Trivialpflanzen und noch einigem mehr.

Das Wort „trivial" entstammt übrigens der wissenschaftlichen Botanik und heisst soviel wie „gewöhnlich" oder „für jedermann zugänglich".

Selbsterkenntnis über die Bio-Energie des Wortes

Sprechen Sie nachfolgende, oftmals verwendete Glaubenssätze ganz bewusst laut. Anschliessend können Sie in einer meditativen Haltung nachspüren, wie es Ihnen dabei ergeht und wie Ihr Körper worauf reagiert.

Ich bin gut und die anderen sind böse.

Heilpflanzen in der freien Natur zu sammeln ist gefährlich, da es giftige Pflanzen gibt.

Ich habe Angst vor Zecken.

Ich fürchte mich vor der Stille des Waldes.

Es könnte ein lebensgefährlicher Unfall passieren.

Der Fuchsbandwurm kann mich töten.

Der Wolf ist ein gefährliches Tier und hat bei uns nichts verloren.

Der Riesenbärenklau muss ausgerottet werden.

Mein Leben heisst Kampf und Durchsetzungsvermögen.

Ich kann meiner inneren Stimme nicht vertrauen, sondern frage lieber einen anderen.

Ich vertraue zwar niemanden, aber es gibt mir ein Gefühl von Sicherheit.

Es macht mir nichts aus, wenn andere für mich verlieren müssen.

Das war sicher nicht mein Fehler, sondern der von .... (wählen Sie einen Mitmenschen, den Sie nicht leiden können).

Der Löwenzahn ist giftig.

Der Rotklee ist giftig.

Das Gänseblümchen tut mir gar nicht gut.

Vom Johanniskraut bekomme ich eine Allergie.

Die Schafgarbe hilft mir bei jeder Erkrankung.

Die Ringelblume in meiner Gesichtscreme macht alt und faltig.

Ich hasse den Giersch, denn er heisst auch Gärtnerschreck.

Der Ackerschachtelhalm lässt sich in meinem Garten nicht mehr ausrotten, er ist eine Plage.

Der Bärlauch kann mit dem Maiglöckchen verwechselt werden und sollte darum nie selber gesammelt werden. Ich habe dies während meiner Ausbildung so gelernt.

Alle Heilpflanzen haben Nebenwirkungen und sind bei leichten Erkrankungen begrenzt einsetzbar.

Von einer Selbstheilung wird dringend abgeraten, fragen Sie lieber Ihren Arzt oder Apotheker.

Kein Mensch kann selbstverantwortlich durch das Leben gehen, sonst ist er egoistisch und somit asozial.

Wissen ist Macht – und Macht ist wichtig.

Geld zu haben ist das Wichtigste im Leben, denn Geld ist Gott.

Mit dem Herzen zu denken ist nur etwas für Spinner.

Ich bin ein Normalo mit einem intelligenten Kopf.

Ich will und die anderen müssen.

Andere zu unterdrücken ist das Normalste der Welt, denn das war schon immer so.

Alles, was nicht messbar ist, stimmt nicht und muss bekämpft werden.

Jede Veränderung macht mir Angst, da ich nicht weiss, was auf mich zukommen wird.

Schreiben Sie im Arbeitsheft die folgenden Zeilen, was Ihnen an sich geistig, seelisch und körperlich aufgefallen ist.

Der nächste Schritt besteht darin, die Affirmationen zu transformieren und nachzuspüren, wie der Körper darauf reagiert.

Kein Mensch ist nur gut oder böse, denn wir sind unendlich vielschichtiger mit unseren Charakterbildern.

Ich verlasse mich auf mein Gefühl im Einklang mit Himmel und Erde. Alle drei führen mich an die Stelle, die für mich im Moment wichtig ist.

Ich denke in der Natur gar nicht an Zecken, dann ziehe ich sie auch nicht an. etc.

Einen weiteren möglichen Selbsttest für die Bioenergie des Wortes liefert uns die Musik: Falls Sie singen können oder ein Instrument spielen, denken Sie beim Singen oder Musizieren zuerst an etwas Negatives und danach mit denselben Tönen oder derselben Melodie an etwas Positives; nun wissen Sie auch, was der Unterschied zwischen einem Notenspieler und einem erfolgreichen Musiker ist. Der Erste reproduziert das Vorgegebene möglichst werkgetreu und mit perfekter Technik; der andere spielt zwar auch das Vorgegebene, beherrscht die Technik aber so, dass er sie vergessen kann und ergänzt das Musikstück zusätzlich mit imaginären Bildern, Szenen und inneren Worten. So erarbeitet er persönliche Klangbilder, welche das Publikum faszinieren.

Eine mögliche Massnahme zur Verhinderung einer Krankheit im bioenergethischen Sinne

Erinnern Sie sich an die wahrhaftige Aussage aller Weltreligionen: „Am Anfang war das Wort" – und das Wort bin ich? Logischerweise muss ich möglichst allen Situationen, welche Krankheiten zum Inhalt haben, aus dem Weg gehen und mich davor schützen. Mit zunehmender Praxis schalten Sie automatisch auf Durchzug. Aber was tun, bis Sie ein Meister des Wortfaches geworden sind? Eine sehr gute und über Epochen bewährte Art ist das Mandala. Dieser Begriff entstammt dem Sanskrit und findet bis heute im hinduistischen und buddhistischen Kulturkreis – und immer mehr auch in der westlichen Hemisphäre – Anwendung. Ein Mandala dient der Symbolik von magischen oder religiösen Riten.

Amitayus Mandala Tibet ca. 14th century
Courtesy Rubin Museum of Art

Tibetisches Mandala der Naropa-Tradition mit der tantrischen weiblichen Gottheit Vajrayogini

Painted 17th century Tibetan'Five Deity Mandala', in the center is Rakta Yamari (the Red Enemy of Death) embracing his consort Vajra Vetali, in the corners are the Red, Green White and Yellow Yamaris, Rubin Museum of Art

Ein typisches Herbstmandala aus bunten Blättern und Blüten

Damit Sie künftig Fremdenergien erfolgreich abwehren können, haben wir für dieses Buch folgendes Mandala herstellen lassen.

Mandala von Martina Lang, Bühlstr. 39, D-89549 Gerstetten; ma.lang@gmx.net

Sie können in unserem Fall das Mandala auf Ihre persönliche Art und Weise in Ihr Leben integrieren, denn die Frage nach Richtig oder Falsch gehört auch für Sie bald der Vergangenheit an. Es wirkt in der Tasche mitgetragen genauso wie an der Wand aufgehängt, denn die universelle, bioenergethische Ebene kennt keine Begrenzung. Das heisst aber auf keinen Fall, dass wir im täglichen Leben keine Grenzen akzeptieren sollen. Auf dieser Ebene gibt es für alles, was wir denken, was wir tun und wie wir handeln, eine rote Linie. Wird diese überschritten, tritt ein Naturgesetz in Kraft und bringt die Angelegenheit wieder ins Lot. Dies kann sowohl durch die Justiz oder durch einen Mitmenschen geschehen, der uns „so richtig seine Meinung geigt", durch ein Tier, das zubeisst, oder eine Pflanze, die brennt oder Dornen hat und uns warnt: „Nicht so mit mir!"

Damit auch Sie das Urvertrauen in Ihre eigenen Fähigkeiten wieder gewinnen können, gibt Ihnen dieses Buch Raum für Ihre eigene Interpretation dieses Mandalas. Betrachten Sie die Anzahl der einzelnen Symbole, die Farbwahl, die Wahl der Pflanze und die drei runden Kreise, welche das Mandala umrunden.

Nach meinem derzeitigen Wissensstand interpretiere ich das nebenstehende Mandala folgendermassen: Siehe Arbeitsheft.

Teil 1

Die Auflösung der Dualität von Gut und Böse, Richtig oder Falsch, von Giftig oder Ungiftig und die Erklärung des Wechselspiels von Mensch und Heilpflanze zum Wieder-Erreichen des Urvertrauens in die eigenen Fähigkeiten und in die der Heilpflanze

Nachfolgender Abschnitt dient der Bewusst-Werdung, wie wir unser Leben mit dem Unterscheiden in Richtig oder Falsch, Gut oder Böse, Giftig oder Ungiftig, unnötig verkomplizieren und zeigt zudem auf, dass die universelle Ordnung, also auch die Welt aus dem grünen Reich von Mutter Erde, keine Dualität im oben genannten Sinne kennt. Statt langatmiger Erklärungen möchte ich eine altbewährte Methode aus der Akademie für Naturgelehrte einfliessen lassen. Möglich macht dies wieder der hinduistisch-buddhistische Kulturraum mit seinen Klangschalen.

Darum entnehmen Sie bitte die weiteren Erklärungen dem beigelegten USB-Stick und Sie werden ein „Aha-Erlebnis" haben, das Ihrem Selbst-Vertrauen und dem Vertrauen in das Wirken der Heilpflanzen eine rundum erneuerte Sichtweise bescheren wird. Unsere Erfahrungen haben zudem gezeigt, dass Menschen mit Hilfe der Klangschalen über sich selbst hinauswachsen können, da sie keine Angst mehr haben müssen, etwas falsch zu machen. Das bedingt aber auch, dass der Dozent seine Kritiklust überwunden hat und seinen Studenten die ihnen eigene Wahrheit überlässt. Aus dieser persönlichen Wahrheit heraus kann dann der nächste Entwicklungsschritt entstehen, wodurch es einem Menschen wieder ermöglicht wird, sich im Einklang mit Himmel und Erde wie eine Pflanze oder ein Baum aus sich selber heraus entwickeln zu können – und dies analog zu seinen vorbestimmten Lernschritten für den jetzigen Lebenszyklus. Die Erkenntnisse der Akademie für Naturgelehrte dürfen darum auch als Grundlage für zukunftsfähige Bildungssysteme verwendet werden, die in genau diese Richtung gehen können und vor allem den heutigen, jungen Menschen gerechter werden als die antiquierte Rollenverteilung von Lehrer und Schüler.

Als Beispiel soll folgende Geschichte dienen: Am Samstagmorgen stehen die Studenten mit Piepstimmchen im Raum und erklären, dass sie nicht singen können und in der Schule auch schlechte Noten dafür erhielten. Am Sonntagmorgen singen sie spontan in einem Sakralraum mit klarer Stimme ganze Musikstücke aus tiefstem Herzen und begleiten sich dabei mit einer Trommel oder einer Klangschale. Am Nachmittag wird dann in

Gruppen musiziert. Ihr angebliches Nicht-Können verstehen die Studenten nun auch nicht mehr, besonders nachdem sie Aufnahmen von sich selbst anhören durften. Kein Musikinstrument verkörpert das gesamte Universum der bioenergethischen, universellen Energien besser als eine Klangschale. Mit ihr zusammen entzünden wir das feu sacré (das heilige Feuer) in unseren Herzen. Es ist jenes Feuer, dem wir in noch grösserer Dimension im zweiten Teil dieses Buches ein ganzes Kapitel widmen werden. Darum hören Sie bitte genau hin und machen Sie sich Ihre eigenen Gedanken und Notizen. *Siehe Arbeitsheft.*

AlchEmie, Alchimie und die Natur

Paracelsus spricht in seinem Buch Paragranum von 1530 davon, dass die Alchemie die unfertige Natur vollenden müsse, denn sie sei so subtil und scharf in ihren Dingen, dass sie ohne grosse Kunst nicht gebraucht werden will. Damit trifft der bedeutende Arzt, Mystiker und Naturphilosoph einen zentralen Nerv der wahrhaftigen Wahrheit. Wir Menschen brauchen die Natur genauso, wie die Natur uns Menschen braucht. Ob wir davon immer rechtens Gebrauch machen, sei an dieser Stelle dahingestellt.

Der Alchemist und Mystiker Michael Maier[I] schreibt in seinem Werk Atalanta Fugiens dass, wer laborieren will, vier Dinge unter einen Hut bringen müsse: Natur, Vernunft, Erfahrung und das Studium von Fachliteratur. Er nennt sie die vier Räder des naturphilosophischen Wagens. Die Fussstapfen der Natur seien die Wegweiser, die Vernunft der Wanderstock, die Erfahrung die Brille und das Studium der Schriften die Laterne, welche den Verstand öffnet und dem Leser ein Licht gibt.

Mit zunehmender Praxis wird Ihnen sehr schnell bewusst werden, dass Michael Maier ein Vertreter des ausgehenden Zeitalters des Fisches ist. Es geht um die Entwicklung des Geistes mit seinem Intellekt und seinem Verstand, derjenigen Entwicklung also, welche nun zum Auslaufmodell geworden ist und zur Zeit des Entstehens dieses Buches immer noch ist. Er ist ganz klar ein Vertreter der AlchEmie, was Ihnen an anderer Stelle dieser Publikation wieder ins Gedächtnis gerufen werden wird.

Die nie so ganz richtig und ganz falsch agierende laue Ebene ordnet die Hermetik und deren wichtigsten Vertreter, den **Drei Mal Weisen Hermes Trismegistos**, der AlchEmie zu, was so nicht ganz stimmen kann. Hermes Trismegistos war nämlich der Urlehrer der ägyptischen Hochkultur.

Und im Arabischen heisst die Urlehre der heutigen AlchEmie, al chimia. Aus der **Drei Mal Weisen Alchimie** wurde die laue **Zwei Mal Weise AlchEmie** entwickelt, welche später von der heutigen, ebenso lauen **Ein Mal Weisen Chemie** abgelöst wurde. So intelligent, wie wir uns in den meisten Fällen mit unserem Egowahn halten, sind wir leider in Tat und Wahrhaftigkeit nicht. Über sich selber lachen zu können und sich vor allem nicht so ernst zu nehmen, sind gute Übungsschritte in die richtige Richtung. Und wer sich als gross und stark wähnt, kann sich einmal neben einen Baum stellen, um dann feststellen zu müssen, dass der grosse Tarzan eher ein kleines Würstchen in einem Räderwerk von etwas viel Grösserem ist.

Verstehen Sie die Misere im so genannten Gesundheitssystem nun besser? Was die meisten Zeitgenossen in ihrem blindwütigen Fortschrittsglauben immer noch nicht wahrhaben wollen, ist, dass die heutige Menschheit mit ihrem Fort-Schritt immer mehr von ihrer ursprünglichen **Drei Mal Weisen Ebene** fortschreitet bis hinunter zur **Ein Mal Weisen Ebene**. Das Wort Fortschritt wäre endlich wieder in diesem ursprünglichen Konsens zu verstehen und erklärt auch, warum sich die heutige Menschheit mit ihren hausgemachten Problemen und in ihrer Masslosigkeit auf zunehmende Weise selbst erstickt – und dies losgelöst von der schützenden Hülle von Himmel und Erde. Das Paradox des **Drei Mal Weisen Weges**, den dieses Buch aufzeigt, besteht darin, dass Sie nach gründlichem Selbststudium feststellen werden, dass Sie weder die Alchimie noch die AlchEmie oder gar die Chemie mehr brauchen werden, da die Schöpfung in jedem Fall, also auch im Fall der Heilpflanzen, vollkommen ist. In dieser Beziehung wage ich aufgrund jahrzehntelanger Erfahrung dem grossen Paracelsus zu widersprechen.

Da wir mit diesem Buch wieder zu unseren ursprünglichen Wurzeln zurückkehren dürfen, woraus dann eine personifizierte, von Grund auf erneuerte Heilkunst entstehen kann, steigen wir mit der **Zwei Mal Weisen AlchEmie** in diese Materie ein und ergänzen sie mit der Bioenergethik wieder zur Alchimie. So werden völlig neue Energien auch in Ihnen zum Fliessen gebracht, was sich für alle Interessierten auf jeden Fall mehr als lohnen wird.

Arzneimittelherstellung nach bioenergethischen Grundsätzen

Ganz wichtig zur Einstimmung
Vorgängig wurde die Auflösung der Dualität von Gut und Böse, Richtig oder Falsch, Giftig oder Nichtgiftig beschrieben und praktiziert. Die Aufgabe dieses Buches ist es, der Menschheit ein grundlegendes Fundament zu übergeben, auf dem sie alles Weitere individuell im Einklang mit Himmel und Erde weiter entwickeln darf. In diesem Sinne wird ausdrücklich darauf hingewiesen, dass die Auflösung von Giftig oder Nichtgiftig eine vollkommene Beherrschung der Gedanken und der Worte voraussetzt, welche in beiden Fällen ein langes Training, langjährige Erfahrung und vor allem Ehrlichkeit gegenüber sich selbst erfordern.

Da die allermeisten Mitmenschen auf diesem Planeten mit grösster Wahrscheinlichkeit an dieser Stelle das erste Mal mit dieser Wahrhaftigkeit aus der immerwährenden Philosophie in Berührung kommen, wird ausdrücklich empfohlen, das Experimentieren mit den heute als „giftig" bekannten Heilpflanzen in jedem Fall zu unterlassen. Darum wird das Herstellen solcher Arzneien auch künftig bis auf Weiteres nur wahrhaftig Eingeweihten und Gelehrten vorbehalten bleiben.

Auch die Wandlung der fundamentalen Goldenen Heilpflanzen in selber gewählte, wie im Dritten Teil beschrieben, ist immer nur im Hinblick auf eine äussere, meditative Verwendung zu verstehen und sollte, ausser bei genauer Kenntnis, keine innere Anwendung erfahren.

Sollten Sie auf „giftige" Experimente dennoch nicht verzichten wollen, tun Sie dies bitte im Bewusstsein, dass Sie ausschliesslich selbstverantwortlich handeln.

Die hier aufgelisteten Rezepturen und Heilpflanzen sind nach heutigem Verständnis weder giftig noch gefährlich und können durchaus dem privaten Erfahrungsdurst aller Interessierten dienen. **ACHILLEA** – die Akademie für Naturgelehrte – bietet im Rahmen des Studiums wie auch in speziellen Seminaren das Herstellen von bioenergethischen Heilpflanzen-Essenzen an, da es viele Menschen gibt, die sich bevorzugt in einer Gruppe entfalten möchten. Auch die Natur selbst kennt keine festen Regeln und Gesetze. Die versuchte Gleichmacherei von Allem und Allen ist eine rationale Kopfgeburt, die von Himmel und Erde getrennt ist und keine Zukunft mehr auf diesem Planeten hat.

Grundlagen der bioenergethischen Herstellung von Arzneien

Es ist wichtig zu wissen, dass alles, was nicht auf den alchimistischen Tria Principia oder der mystischen Trinität basiert, auch in Zukunft keinen Bestand haben wird. Beide bestehen aus drei Pfeilern, welche die Substanz für den Leser erst erkenntlich machen. So kann der interessierte Mensch genau nachvollziehen, welches die Grundlagen für diesen Weg sind, und er kann vor allem nachvollziehen, wie und woraus dieses Buch entstanden ist. Das vorliegende Werk ist eine Verknüpfung von Kabbala und Hermetik, eine Kombination, welche unter Mystikern selten anzutreffen ist, die aber umso wirksamer sein kann, sofern sich jemand innerlich dafür öffnet. Sowohl die Kabbala als auch die Hermetik werden Ihnen im Zweiten Teil genau offenbart.

Wer sich mit dem wahrhaftigen Weg der Spiritualität befassen möchte, dem sei mein Buch „Die 12 Grossen Heilbäume Mitteleuropas" ebenfalls empfohlen.

Ein wahrhaftig spiritueller Mensch hat eine Lehrzeit von mindestens 15 bis 20 Jahren hinter sich, um der Menschheit etwas Brauchbares hinterlassen zu können. Es ist somit die zentrale Aufgabe dieses Buches, der Spiritualität für das neue Zeitalter des Wassermannes im Einklang mit Himmel und Erde zum nun erforderlichen Durchbruch zu verhelfen. Und wer wäre da besser geeignet als die Heilpflanzen?

Das Herstellen von bioenergethischen Arzneien ist eine heilige Angelegenheit. Mit „heilig" verstehen wir an dieser Stelle, dass die Energien von Himmel und Erde, von uns Menschen und von unserer Umgebung ganz bewusst in die alchimistischen Tria Principia oder die mystische Trinität integriert werden.

Die theoretischen Tria Principia der AlchEmie sind:

- Die Transformation von Metallen.
- Die Heilung aller Krankheiten.
- Der ewige Jungbrunnen, da mittels der in jedem Menschen vorhandenen bioenergethischen Selbstheilungskräfte alle Zellen ständig erneuert werden können.

Die philosophischen Tria Principia der AlchEmie basieren, wie auch Paracelsus wusste, auf den drei Elementen Sulphur, Merkur und Sal:

- Sulphur ist das Symbol für die Seele.

- Merkur das Symbol für den Geist.

- Sal ist das Symbol für den Körper.

Der Stufe des Sulphurs werden alle brennbaren Zutaten zugeordnet und auch alles, was ölig, fettig, farbig oder duftend ist, weiter der Pflanzensaft und auch die ätherischen Öle.
Auf der Stufe des Merkurs finden wir „alles, was fliegt", also alles, was schmelzbar ist und auch den durch Gärung entstehenden Pflanzenalkohol.
Die Stufe Sal wird, wie der lateinische Name bereits aufzeigt, dem Salz zugeordnet, sowie alles, was nicht brennbar ist, sodann die Erde und auch die Pflanzenasche.

Die Tria Principia der alchEmistischen Heilung sind:

- Das Nichtgetrenntsein von Materie und Feinstofflichem.

- Persönliche Erkenntnisse durch Beschäftigung mit Theorie und Praxis.

- Die Einnahme von spagyrischen Tinkturen, die zur Entwicklung des äusseren und inneren Weges führt.

Die Tria Principia der alchEmistischen Herstellung sind:

- Separation, die Trennung.

- Purifikation, die Reinigung.

- Kohobation, die chymische Hochzeit oder auch Vereinigung.

Diese Prinzipien werden im Abschnitt über die Herstellung von Mazerat und Elexier genauer beschrieben.

Erste Schritte zur bioenergethischen Herstellung von Arzneien

Grundsätze für die Herstellung

Wer für seinen privaten Gebrauch selber Arzneien herstellen möchte, kann die Pflanzen in der Natur sammeln und verarbeiten. Kenntnisse sind allerdings auch hier unbedingt erforderlich.
Möchten Sie in die professionelle Herstellung von Arzneien für sich selber und Ihre Mitmenschen einsteigen, wird eine bewährte Grundausbildung bei einer anerkannten Persönlichkeit auch in Zukunft Voraussetzung für den Erfolg sein. Alles andere ist verantwortungslos gegenüber allen Mitgeschöpfen.

Die Tria Principia der Herstellung

Die gesamte Umgebung wird mit Hilfe des Homa, wie es im Zweiten Teil des Buches beschrieben ist, gereinigt.

Die bewusste Verbindung mit dem alchimistischen Dreigestirn und den Tria Principia der alchEmistischen Definition, ebenfalls im Zweiten Teil beschrieben, wird aufgenommen.

Während des Herstellungsprozesses singen wir ohne Unterlass (entweder allein oder mit Unterstützung anderer) das Ur-Alphabet, damit alle Krankheiten wahrhaftig aus dem Körper ausgeschieden werden können, wie ebenso im Zweiten Teil geschildert. Denn Ihre Worte wandeln sich in Energie, die sich in der Medizinalflasche wiederfindet. Unsere Bioenergethik kennt bekanntlich keine Begrenztheit mehr.

Die Tria Principia der alchemistischen Definitionen

Der Infus: Eine getrocknete Droge oder Frischpflanze wird mit heissem Wasser übergossen. Diese 5 bis 15 Minuten ziehen lassen, abseihen und schluckweise geniessen.

Das Mazerat: Weiche Pflanzenteile (z. B. Blüten) werden in kaltem Wasser über Nacht ausgezogen, und das auf Zimmertemperatur gebrachte Pflanzenwasser wird schluckweise getrunken.

Der Dekokt: Feste Pflanzenteile, wie z. B. der Schachtelhalm, werden in kaltes Wasser gegeben, bis zum Siedepunkt aufgekocht und dann 15 bis 30 Minuten auf dieser Stufe weitergeköchelt; anschliessend abseihen und den Heiltee schluckweise geniessen.

Praxis

Wir danken der Pflanze, dass sie uns bei unserer Wieder-Heiligung hilft.

Das Einbinden der gesamten Pflanze, also von der Wurzel bis zur Blüte, ermöglicht uns, dass wirklich alle in ihr enthaltenen Energien den Weg in die Tasse finden. Bewährt hat sich ein Infus, der mit siedendem Wasser übergossen wird und 30 Minuten vor der Einnahme im Wasser ruhen durfte.
Integrieren Sie auch an dieser Stelle wieder das Ur-Alphabet in Gedanken in Ihr Heiligungsritual, damit Sie alle Krankheiten erfassen können. Wir verbinden uns vor der Einnahme des Tees erneut mit den alchEmestischen Tria Principia oder der mystischen Trinität von Himmel-Mensch-Erde.

Die Einnahme einer Tasse Heiligungstee sollte vor einer Mahlzeit drei Mal täglich im Rhythmus von 14 Schlucken vollzogen werden. Auch dies wird Ihnen später genauer offenbart.
Ein Heiligungstee, auf diese Weise eingenommen, hat den Zweck, dass wir das Synchronizitätsprinzip von innen und aussen leichter erreichen können. Das Synchronizitätsprinzip von oben und unten hingegen bringt uns das alchImistische Dreigestirn. Mit zunehmender Praxis wird das Einnehmen einer Arznei überflüssig werden. Allein die bioenergethische, unbegrenzte Verbindung über das entsprechende Chakra mit den fünf Smaragdinen Heilpflanzen, wie im Dritten Teil beschrieben, wird ausreichen.

Die Einnahme kann von einem Ritual oder mit einem Gebet unterstützt werden, was die Wirksamkeit zusätzlich erhöht.
Leiten Sie mit Ihren Gedanken Ihren Tee dorthin, wo sie ihn benötigen. Die Natur kennt kein Richtig oder Falsch.
Integrieren Sie auch an dieser Stelle wieder das Ur-Alphabet in Ihr Heiligungsritual, damit Sie wirklich alle Krankheiten erfassen können. Sie können dies sowohl in Gedanken für sich selber machen oder einen oder mehrere Mitmenschen darum bitten. Wer auf keinen Fall Tee trinken mag, kann statt Wasser auch Milch verwenden.

Die bioenergethische Tinktur

Wir integrieren die Tria Principia der Herstellung auch bei der Tinktur, d. h. es erfolgt während mehrerer Tage bis hin zu mehreren Wochen ein Kaltauszug der gesamten Pflanze in 30 – 70 % Alkohol.
Wer keinen Alkohol trinken möchte, kann die Tinktur auch in Apfelessig einnehmen. Essig ist ein uraltes, universell einnehmbares Naturheilmittel, das die Wirkungsweise der Pflanze zusätzlich unterstützt.

Nun wird eine der in diesem Buch beschriebenen Goldenen Heilpflanzen in ein helles Glasgefäss gegeben, das täglich 14-mal geschüttelt wird. Dabei wird jedes Mal das Ur-Alphabet mit einer spontanen Melodie mitgesungen. Der Auszug geschieht mit Unterstützung der Sonne innerhalb von drei Wochen (Tria Principia).
Wer seine Tinktur vor Fremdenergien schützen möchte, kann wiederum auf das Mandala zurückgreifen und das Glas darauf stellen.
Die Einnahme erfolgt auf die gleiche Weise, wie es im Abschnitt „Praxis" beschrieben wird.
Sowohl der bioenergethische Heiligungs-Tee als auch die bioenergethische Heiligungs-Tinktur haben sich in der Praxis gleichermassen bewährt.

Das spagyrisch-bioenergethische Mazerat

Wir integrieren auch hier die Tria Principia der Herstellung.

50 g einer getrockneten Goldenen Heilpflanze in ein helles Glas geben.
500 ml Alkohol mit 30 % hinzufügen.
3 Wochen, mit dreimal täglich 14-maligem Schütteln morgens, mittags und abends ausziehen lassen. Wir singen auch hier das Ur-Alphabet, damit wir alle Krankheiten erfassen können.
Abseihen.
Rückstand veraschen.

ACHTUNG: Das Veraschen von Pflanzen bringt eine starke Rauchentwicklung mit sich und sollte darum in der freien Natur geschehen. Der Prozess kann bis zu eine Stunde dauern. Unsere Praxis hat gezeigt, dass die nachträgliche Beimischung der Homa-Asche eine verstärkende Wirkung hat, was vor allem bei tiefsitzenden Krankheiten aus anderen Lebenszyklen von Vorteil ist.

Die Asche dem alkoholischen Auszug beigeben und während dreier Tage wieder täglich dreimal im 14er Rhythmus schütteln.
Der Auszug wird filtriert.

Dreimal täglich 3 Tropfen innerlich gut einspeicheln und mit der Gedankenkraft an die entsprechende Stelle im Körper leiten, wo Sie die Tinktur einsetzen möchten; zusätzlich dreimal täglich 3 Tropfen äusserlich im Bereich des entsprechenden Chakras, wie im Dritten Teil beschrieben, sanft einreiben.

Das alchEmistisch-bioenergethische Elixier

Wir integrieren hier ebenfalls die ***Tria Principia*** der Herstellung und der Praxis.

150 g Zucker in 500 ml Wasser lösen und in ein helles Gefäss mit 1 Liter Inhalt geben.
½ Würfel Backhefe darin lösen.
50 g aller Pflanzenteile getrocknet einer Goldenen Heilpflanze untermischen.
3 Wochen gären lassen und täglich rühren, wie bereits beim Mazerat erwähnt.
ACHTUNG: Deckel nicht fest anziehen, sonst kann das Gefäss explodieren.
Abseihen.
Filtrat destillieren.
Rückstand veraschen.
Asche zum Destillat geben.
3 Tage wiederum schütteln wie beim Mazerat.
Den Auszug nochmals filtrieren.

Die innere und äussere Anwendung bringt den grössten Erfolg, wie beim Mazerat beschrieben.
Dreimal täglich einen Teelöffel voll aus dem Hier und Jetzt heraus mit Begleitung des Ur-Alphabetes einnehmen.

Wichtig ist, dass Sie auf der bioenergethischen Ebene keine Krankheiten bekämpfen wollen, sondern „einfach" Heilung geschehen lassen. Auf dieser Ebene braucht es Beharrlichkeit, Durchhaltevermögen und Selbstverantwortung. Dies sind die Tria Principia für die Heilung im Zeitalter des Wassermannes, und ohne sie läuft in Zukunft immer weniger, da, wie schon betont, die rein intellektuelle, laue Ebene zum Auslaufmodell wird und die zu einfache und zu praktische Dienstleistungsgesellschaft zur Heilung ebenfalls ausgedient hat.

Die Wieder-Heiligung aus dem Einem mit Allem

Wir verneigen uns in Demut vor dem **DREI MAL WEISEN HIMMEL** und der **DREI MAL WEISEN ERDMUTTER**, welche uns nun **BEIDE** wieder in die Arme schliessen.

Wir verneigen uns in Demut vor dem **DREI MAL WEISEN HERMES TRISMEGISTOS**, der für uns Menschen das Tor zur Empfängnis der wahrhaftigen Bestimmung öffnet.

Wir verneigen uns in Demut vor dem **DREI MAL WEISEN JOHANNES**, der mit der Offenbarung des universellen Ur-Alphabetes das Buch möglich gemacht hat.

Wir verneigen uns in Demut vor den **DREI MAL WEISEN VEDEN**, welche die **HEILIGUNG**[2] von uns Menschen ermöglichen.

SO SEI ES! **SO SEI ES!** **SO SEI ES!**[3]

[2] *Das Wort hat in diesem Buch die Bedeutung, dass wir wieder in die ursprüngliche Trinität, in die Dreifaltigkeit von Himmel-Mensch-Erde zurückkehren.*

[3] *SO SEI ES ist der überkonfessionelle Ausdruck für das geläufigere AMEN und offenbart so vieles!*

Heile die Atmosphäre und die Atmosphäre heilt auch Dich

Hintergrundinformationen zum HOMA[IV]

Bereits vor Tausenden von Jahren wurde in verschiedenen Schriften der vedischen Hochkultur darauf hingewiesen, dass einmal die Zeit der grossen Verunreinigung der Erde kommen werde, in der viele gottlose Individuen und grosse Plünderer das Sagen haben. Es wurde als Kali-Yuga, das finstere Zeitalter, bezeichnet. Wir erleben zurzeit das Ende dieses Zeitalters und bewegen uns in Richtung Sat-Yuga, gehen dem Goldenen Zeitalter

entgegen. **Die Göttin Kali**, wörtlich übersetzt die Schwarze, ist im Hinduismus die bedeutende Göttin der Zerstörung, aber auch der Erneuerung. Die Ikonographie zeigt sie meist schwarz oder blau dargestellt mit vier bis zehn Armen.

Die vedische Lehre gilt als Vorläuferin sowohl des Hinduismus als auch des Buddhismus und beinhaltet zeitlose Wahrheiten. In unseren Breitengraden ist sie als immerwährende Philosophie bekannter. Das Studium der ***Akademie für Naturgelehrte*** basiert auf ihr[II]. Auf diese Lehre stützt sich auch die Ausbildung zum Naturgelehrten, deren Inhalt nur mit Zustimmung der Autorin dieses Buches weitergegeben werden darf.

Ein Naturgesetz, das uns die vedische Lehre überliefert hat, drückt das Wort ***Homa*** aus. Es stammt aus dem Sanskrit und bedeutet eigentlich „Das-ins-Feuer- Giessen" bzw. Spende oder Opfer. Die Essenz des Wortes meint jedoch vielmehr ein Naturgesetz, das uns aus der Physik vielleicht geläufiger ist: Auf der Erde geht nichts verloren, jede Auswirkung hatte zuvor eine Ursache oder biblisch ausgedrückt: „Denn was der Mensch sät, das wird er ernten" (Galater, 6). Anderes formuliert bedeutet dies: Wer etwas erhalten möchte, muss zuerst etwas geben. Von nichts kann nichts kommen. Dies ist der grosse Lernschritt auch gegenüber der Natur und vor allem für uns Menschen, die wir immer noch bequeme Lösungen für unsere Probleme und Krankheiten gewöhnt sind. Wir müssen doch nur eine Pille einwerfen – und alles ist gut. Wie praktisch, jedoch nur zu oft mit fragwürdigen Resultaten.
Homa beherrscht zudem die universelle Kunst der Erneuerung ohne Zerstörung, ist also eine klar erkennbare Erscheinung des Sat-Yuga, des Goldenen Zeitalters, dessen Merkmal die Non-Dualität oder auch das Nur-Noch ist.

Wir wenden uns nun der ersten Feuerungstechnik zu, dem

Agnihotra

Beide Worteile stammen aus dem Sanskrit. Agni ist das Feuer und Hotra der Opfernde, derjenige also, der sich dem Feuerritual mit Hingabe widmet. Das Agnihotra-Ritual ist ein wahrer Tausendsassa und wirkt auf vielen Ebenen, wie in einer Studie wissenschaftlich bewiesen wurde. Diese basiert auf der Erkenntnis des Ferguson Colleges in Puna, Indien: Agnihotra for Equlibrium of Nature and Enhancement of Human Life. Equilibrium (lat.) ist das Zusammenwirken von zweien oder mehreren Kräften.[III]

Enhancement (engl.) bedeutet die Erhöhung oder auch Verbesserung des menschlichen Lebens. Nun kommen wir zu den Zutaten, welche wir für das Ritual brauchen. Den Beginn macht die

Alle benötigten Zutaten für das Agnihotra

Agnihotra-Pyramide

Wer sie genau betrachtet, erkennt unschwer die drei Stufen der alchimistischen ***Tria Principia*** oder der mystischen Trinität. Ohne diese drei Stufen kann nichts als wissenschaftlich angesehen werden. Das heute generell anerkannte akademische Forschungsprinzip beruht darauf, dass sämtliche Erkenntnisse durch Experimente genau dokumentiert und somit für jeden nachvollziehbar sind. Keine Universität wird etwas akzeptieren, dessen Aufbau sie nicht genau erkennen und bestätigen kann. Mystik ist das akademisch geprägte Bindeglied zwischen Esoterik und Alchimie, welche das Irdisch-Materielle gemeinsam mit der geistig-materiellen oder feinstofflichen Ebene betrachtet und beide eben nicht voneinander trennt.

Ein Mensch, der die Trinität verinnerlicht hat, wird als Erleuchteter betrachtet oder gehört zu den Illuminaten der Neuen Zeit.

Da ich Sie vor mathematisch überholten Formeln bewahren möchte, will ich Ihnen nun das geometrische Hauptprinzip unserer Pyramiden erklären: Es besteht aus vier Symbolen für das aktive Prinzip und aus vier Symbolen für das passive. Das Gleichgewicht von Aktiv und Passiv bedeutet eine Fülle von freiwerdenden Energien. Auch Michelangelo, Leonardo da Vinci, Goethe, Beethoven, Mozart etc., waren in dieses Faktum eingeweiht. Darum liegt in der Ruhe (passiv) die schöpferische Kraft, die dann zur Umsetzung der daraus entstandenen Erkenntnisse (aktiv) führt.
Das Material der Pyramide besteht fast immer aus Kupfer, da das ähnlich strukturierte Gold zu teuer wäre. Kupfer ist sehr hoch erhitzbar (der Schmelzpunkt liegt knapp über 1084 Grad Celsius) und ist ein Material der ersten Wahl zur Übermittlung von Energie. Kupfer kommt auf unserem Planeten fast überall vor und ist in der Mystik auch das Symbol des Weiblichen – jener Kraft, die neues Leben schenkt. Das Kupfer Ihrer Pyramide wird sich bald von rötlichem Glanz ins Schwarze färben, was der Wirkungsweise keinen Abbruch tut. Zur Pflege der Pyramide reicht ein feuchter Lappen, mit dem Sie die Aussenflächen reinigen können. Innen sollte sie mit einem Holzspachtel von groben Rückständen befreit werden. Wenn Sie zeitweise beim Ritual für eine grössere Flamme sorgen, werden die Rückstände mit verbrannt.

Ein Lob dem Kuhdung

In Indien gilt die Kuh als heilig und als Mutter allen Lebens. Sogar Mahatma Gandhi hob die Besonderheit der Kuh hervor. Auch im alten Ägypten, im antiken Griechenland und in Afrika wurde sie verehrt. Und wer einmal in die Augen einer Kuh geblickt hat, erkennt die Sanftmut, Friedfertigkeit und Genügsamkeit ihrer Seele. Seit Jahrtausenden versorgt sie uns auf natürliche Weise mit ihrer Milch und den Boden mit ihrem Kuhdung. Die Kuh bricht das Gras spiralförmig an der Stelle, wo es die Natur zulässt, dann atmet sie aus, was die Zusammensetzung der Luft verändert, und mit ihrem Speichel verschliesst sie die Wunden.

Wenn eine Kuh frisst, tut sie dies sehr aufmerksam. Anschliessend legt sie sich hin und beginnt mit dem Wiederkäuen. Während dieser Zeit schafft sie es, sich mit voller Konzentration dem Kauen zu widmen; auch der Blick verändert sich und scheint nach Innen gewandt.

Kuhdung als Heilmittel

Die überragende Heilkraft des Kuhdungs wird bereits in den Veden erwähnt und war auch in Europa bestens bekannt. In der ayurvedischen Medizin findet er sogar heute noch Verwendung und gilt dort als adstringierend (zusammenziehend) und desinfizierend. Im Kuhdung konnte in Europa ein dem Penicillin ähnlicher Wirkstoff nachgewiesen werden, der nebst der Desinfektion auch krankheitserregende Bakterien in ihrer Vermehrung hindert. Die antibakteriziden Stoffe des Dungs werden durch den Verbrennungsvorgang freigesetzt und sind in der Agnihotra-Asche enthalten.

Kuhdung als Desinfektionsmittel

In der Schweiz, wo ich lebe, geht der Bauer in den Kuhstall und reinigt ihn vom Kuhmist. Im Balkan und weiter östlich ist es aber heute noch üblich, den naturbelassenen Boden mit Kuhdung zu säubern. Wird dieser regelmässig auf den Lehmboden eines Raums aufgetragen, bildet er sehr bald eine geschlossene Oberfläche. Dieser Bodenbelag hält viele Krankheiten fern. Der „Duft" verschwindet, sobald der Boden trocken ist. Einmal pro Jahr können auch die Wände frisch mit Kuhdung tapeziert werden. Weiters ist er ein hervorragendes Mittel bei Schimmel- und Pilzbefall. Einfach die Stellen mit Dung bestreichen. Im Orient wird in Krankenhäusern heute noch Kuhdung als Desinfektionsmittel verbrannt. Der Raum wird von einer guten und reinen Atmosphäre erfüllt und von Ungeziefer freigehalten.
Im Fall eines radioaktiven Unfalls, zum Beispiel einer Atomkatastrophe, kann das *Agnihotra*-Feuer übrigens auch vor Verstrahlung schützen!
Nach dem Reaktorunfall in Tschernobyl konnte Kuhdung eine vollständige Neutralisierung der dabei entstandenen 100-fachen Überschreitung der Normwerte herbeiführen.

Auf die richtige Kuh kommt es an

Die wirksamste Qualität für Dung liefert eine weibliche Kuh, weil sie bereits neues Leben geschenkt hat. Weiter sollte sie hornbelassen sein und frisches Gras zu sich genommen haben, was meist zwischen Mai und September der Fall ist. Nicht geeignet ist Silage (Gärfutter), weil dieses etwa denselben Effekt hat wie bei uns das Sauerkraut. Es dauert circa zwei Wochen, bis die Kuh im Frühling den Organismus von Silage zum Gras umgestellt hat. Biohöfe sollten auf alle Fälle zu bevorzugt werden. Kühe sind, sofern nicht enthornt, die perfekten Mittler zwischen Himmel und Erde und stehen in dieser Hinsicht dem Menschen keinesfalls nach. Ihre Klauen sind die Brücke zur Erdmutter Gaia und ihre Hörner die zur Zentralsonne. Ich vergleiche das Wiederkäuen immer mit einer Kuh-Meditation, weil bei genauem Betrachten, wie schon gesagt, der Blick nach Innen wahrgenommen werden kann. Lassen Sie sich also von glücklicheren Kühen beliefern!

Die Produktion von Kuhdung

Zur Eigenproduktion eignen sich windige Hochsommertage. In Eimern wird der nicht zu nasse Dung von den Weiden oder aus dem Stall geschaufelt. Wer mit blossen Händen arbeitet, lernt den Kuhdung als hervorragendes Hautmittel kennen. Auch Warzen können auf diese Weise verschwinden und Wunden heilen. Den unerwünschten Duft entfernen Seife und Nagelbürste. Dann werden daraus Kuhfladen mit einem Durchmesser von ca. 15 cm geformt und auf eine glatte Unterlage gelegt. Sind sie trocken, werden sie gewendet. Aus einer Menge von 10 kg nassem wird ca.1 kg getrockneter Dung.

Wer grössere Mengen herstellen möchte, braucht ein festes Drahtgitter, das auf einem Holzrahmen aufgespannt wird. Dann wird eine Folie darüber gelegt und der Kuhdung mit einem Spachtel ca. 5 bis 10 mm dick aufgestrichen. Die gewünschte Stückgrösse mit dem Spachtel einritzen und anschliessend die Sonne und den Wind arbeiten lassen. Danach wird die Folie samt Kuhdung umgedreht und notfalls nochmals glattgestrichen. Das Drahtgitter belüftet nun den Dung von beiden Seiten her. Der fertig getrocknete Kuhdung soll angenehm duften und sich brechen lassen. Trocken gelagert hält er jahrelang.

Ghee

Ghee wird „Gii" ausgesprochen und ist nichts anderes als Butterschmalz. Das Grundprodukt dazu ist Milch. Von ihr wird der Rahm (in Deutschland die Sahne / in Österreich der Obers) abgeschöpft und daraus Butter hergestellt. Anschliessend wird diese erhitzt, wobei sich das Wasser verflüchtigt und Eiweiss und Milchzucker sich absetzen. Was übrig bleibt, ist das reine Fett der Milch. Es versteht sich von selbst, dass dafür auch nur Bioproduktion in Frage kommt, am besten direkt vom Hofladen und von Kühen mit Hörnern, weil sonst die gesamte Palette der kosmischen Energien nicht darin enthalten ist. Butterschmalz kann sehr hoch erhitzt werden, ohne an Qualität zu verlieren und wird vom menschlichen

Organismus sehr gut absorbiert. Nebst Fett enthält Ghee auch Mineralstoffe, Kalium, Kalzium, Phosphor, Magnesium, Eisen sowie Vitamine A, D, E.

Ghee oder ein Eimer Biobutterschmalz ohne weitere Zusatzstoffe kann im Notfall das Überleben einer ganzen Familie gewährleisten. Pro Tag genügen drei Esslöffel für eine Person. Es ist selbstverständlich, dass daneben möglichst keine körperliche Anstrengung erfolgen sollte; anstelle dessen wäre eine Meditation oder ein Gebet unter Einbeziehung der Erdmutter Gaia und der Zentralsonne sinnvoll. Diesen Geheimtipp verdanke ich einem Waldmenschen aus den rumänischen Karpaten, der im Zweiten Weltkrieg viele Erfahrungen dieser Art machte – Erfahrungen, die uns hoffentlich erspart bleiben. Ich habe übrigens selten einen Menschen so von Innen heraus leuchten sehen wie ihn – wirklich eine wahrhaftige Schönheit.

Ghee

Ghee als Medizin

Ghee ist eine Universalmedizin der allerersten Wahl, und es gibt in Verbindung mit der richtigen gedanklichen Einstellung dazu nichts, was Ghee nicht kann; es sei Ihnen auch verraten, warum das so ist. Mit der Transformation von Milch zu Rahm und dann zu Butter sind wir wieder bei der Trinität angelangt; diese ist universell und somit alles umfassend. Alles ist in Allem enthalten. Ghee ist die perfekte Transformatorenstation von Himmel und Erde im Menschen; ohne die beiden Helfer läuft in Zukunft immer weniger, da die Ein- bis Zweidimensionalität des menschlichen Intellekts bereits beginnt, ein Auslaufmodell zu sein.

Rezept für die Herstellung von Ghee

Biobutter
grosser Topf
ungebrauchte Windel oder Ähnliches, auch ein Metallsieb oder ein Kaffeefilter (nicht aus Plastik)
Schöpfkelle aus Holz
dicht abschliessbare Gläser aus Glas oder Ton (Einmachgläser)

Die Butter ohne Deckel im Topf erhitzen und gelegentlich umrühren.
Sobald weisse Flocken aufsteigen, Temperatur deutlich reduzieren.
Schaum nicht abschöpfen, er verfestigt sich mit der Zeit und setzt sich am Boden fest.
Auf kleinster Flamme weitersieden lassen, bis sich die milchigen Eiweissflocken vom klaren Butterfett trennen und sich auf dem Topfboden absetzen.
Nicht mehr weiterrühren.
Der Bodensatz darf nicht dunkel werden.
Die Temperatur sollte 108 Grad nicht übersteigen.
Die Butter siedet nun weiter, das Eiweiss festigt sich am Boden und das enthaltene Wasser verdampft.

Sobald keine Flocken mehr aufsteigen und kein Wasser mehr zu sehen ist, ist das Ghee klar und hat die Farbe Gold. Aurum ist ebenfalls eine Vertreterin der Trinität, d. h. der Dreifaltigkeit, und das Symbol für das landläufig bekannte Gold der AlchEmisten, das natürlich von den Nicht-Eingeweihten auch nicht gefunden werden konnte! Nichts anderes als Ghee war damit gemeint!

Als Test wird ein langes Zündholz ohne Zündkopf in das Ghee gehalten. Brennt die Flamme ruhig ohne zu zischen, ist das Ghee vollkommen und zur Verwendung bereit. Mit sinkender Temperatur wird es zunehmend dicker und ist unbeschränkt und von allen äusseren Einflüssen unabhängig haltbar. In unserem Institut lagert mittlerweile Ghee aus dem Jahre 1920, das immer noch problemlos geniessbar ist. Wenn Ghee nach einiger Zeit verdirbt, wurde es nicht lange genug gekocht. Mit dem Butterschmalz verhält es sich wie mit dem Wein oder anderen Alkoholika: Je älter, desto besser – so sollte es auch bei uns Menschen sein.
Für die Zubereitung von 1 kg Butter wird eine Zeit von einer Stunde gerechnet. Und nun: ***Gutes Gelingen!***

Reis

Biologischer Vollkornreis dient beim ***Agnihotra*** als Opfergabe. Warum nun ausgerechnet Reis? Er ist nach heutiger Auffassung die älteste bekannte Kulturpflanze der Erde. In China sollen Reiskörner entdeckt worden sein, die mehr als 11.000 Jahre alt sind. Damit ist der Reis die Urmutter aller heutigen Getreidesorten und bis heute für die Menschheit von grösster Bedeutung. Auch den gesundheitlichen Aspekt gilt es zu berücksichtigen. Nebst Stärke wurden Eiweiss und Fett (in geringem Masse) nachgewiesen. Vollkornreis enthält zusätzlich Ballaststoffe, Vitamine und Mineralstoffe wie Zink, Magnesium, Mangan, Kalium, Kalzium und Phosphor. Bekannt ist die entwässernde und entschlackende Eigenschaft. Weiters wirkt der Reis entzündungshemmend und nervenstärkend, er verfeinert das Hautbild, stärkt das Immunsystem und ist krebshemmend. Er aktiviert den Stoffwechsel und die Verdauung, ist herzstärkend und soll das Gleichgewicht von Yin und Yang wieder herstellen. Dieser Gleichstand der Kräfte spiegelt sich dann auch im Ritual des *Agnihotra* wieder, wo es mit dem Sonnenaufgang und dem Sonnenuntergang in Zusammenhang gebracht wird.

Mantras

Das Wort ***Mantra*** entstammt dem Sanskrit und setzt sich aus den beiden Silben *man* und *tra* zusammen, die von *manas* und *trajate* abgeleitet sind, was so viel wie Geist und befreiend bedeutet. Ein Mantra ist also eine (spirituelle) Klangschwingung, die den (materiell verschmutzten) Geist befreit. Es ist demnach ein Gesang zur Befreiung des Geistes und zur Hinwendung zum Herzen, dem Sitz des Göttlichen in jedem Menschen, das individuell noch mehr oder weniger verschüttet ist und darum entdeckt werden darf.

Worte basieren auf Energie. Sie wirken zuerst auf die Seele, dann auf den Intellekt und schliesslich auf den Körper.
Sie können folgenden Test machen: Wiederholen Sie bitte zehn Mal ein Wort mit der Vorsilbe UN (Unglück, Unheil, etc.) und dann ein Wort Ihres Wohlbefindens wie Liebe, Essen, Baden, etc., und achten Sie dabei auf Ihr Befinden.

Menschen, die mit einem Musikinstrument oder mit ihrer Stimme arbeiten, werden ebenfalls staunen können.

Mantra für den Sonnenaufgang

Die Melodie der Gesänge basieren lediglich auf drei Noten, geben also auch hier die Trinität wieder, und zwar auf den Tönen F, G, A. Selbst der sich unmusikalisch wähnende Mensch kommt problemlos damit zurecht, da weder Himmel noch Erde werten, und schräge Töne keinesfalls ein Hindernis darstellen. Auch der Rhythmus ist keineswegs als vorgegeben zu betrachten, sondern als Anregung, und kann individuell gestaltet werde. Jedes Mantra wird jeweils nur einmal gesungen und ist im Folgenden in Lautschrift wiedergegeben. Die jeweiligen Zeitentabellen sind auf der Homepage **www.homahof-heiligenberg.de** kostenlos verfügbar.
Sehr empfehlenswert ist auch das weiterführende Buch von Horst und Birgitt Heigl , dem auch ich einiges verdanke. Ein Besuch bei ihnen lohnt sich allemal. Die dort praktizierte Gemüseanbaukunst mit Homa ist eine sehr empfehlende Form des Gärtnerns.

Bei den Silben Swa ha werden jeweils einige Körner Reis als Opfergabe dem Feuer beigegeben. Swaha bedeutet: Es werde Licht.

Alle Mantras sind auf dem USB-Stick

Mantra für den Sonnenuntergang

Die Texte der beiden Mantras sollten in keiner Weise individuell verändert werden, da sonst die Wiedervereinigung mit der gesamten Schöpfung blockiert wird, welche im Laufe des Studiums immer wichtiger wird. Es spielt auch keine Rolle, wer ***Agnihotra*** ausführt. Die Schöpfung ist in jedem Fall gleichberechtigt für alle da.
Wir sollten beim Feuer stehen- oder sitzenbleiben, bis die Flamme erloschen ist. Dies ist auch wichtig, da wir reagieren können, falls sich Funken verselbstständigen. Mit dem Betrachten des Feuers erreichen wir einen innerlich ruhigen Zustand.
Der Kuhdung sollte flach in der Pyramide liegen, damit der Reis darauf verbrannt werden kann. Wichtig ist, dass die Zündköpfe der Zündhölzer vorher abgebrannt werden, und die Flamme nur mit dem Holz entfacht wird. Sollte das Feuer einmal nicht so richtig brennen, ist dies kein Grund zur Sorge. Agnihotra gilt dann als erfüllt, wenn wenigstens ein Reiskorn zusammen mit Dung und Ghee verbrannt ist. Wer das Ritual einige Male durchgeführt hat, wird merken, wie einfach dies ist.

Vyahruti (Wairuti)

Agnihotra ist jenes Feuerritual, welches die grösstmögliche Wirkung für Mensch und Umwelt hervorbringt. Wairuti hingegen ist eine Möglichkeit, das Ritual gänzlich unabhängig von der Zeit durchzuführen. Das Aufnehmen von Lernstoff fällt dadurch und danach leichter. Es gibt Menschen, die beginnen einen wichtigen Tag oder eine Reise mit Wairuti, mit jenen mystischen Mantraworten, die der Erzeugung von Lichtenergie dienen. In der Landwirtschaft kann Wairuti zur Unterstützung von energiereichen Produkten hilfreich sein. Es vermag die Lebenskraft von kranken Menschen und Tieren so zu steigern, dass sie damit ihre Selbstheilungskräfte aktivieren können. Es bringt Heilung an Orte, an denen Menschen sowohl körperlich und/oder seelisch leiden, und hilft dort, wo es Streit gibt. Weiters wird es zur Heilung von Schlachtfeldern,

Hinrichtungsplätzen, Unfallorten etc. eingesetzt. Sie können bei diesem Ritual Ihren persönlichen Tagesrhythmus finden und das Wairuti danach ausrichten. Das Bewusstsein und das Wohlbefinden werden positiv darauf reagieren, und wir benötigen keinen Reis und keinerlei Unterstützung der Sonne mehr.

Es gibt spezielle Gheetöpfe und Löffel, die ebenfalls bei www.homahof-heiligenberg.de erhältlich sind. Für das Wairuti wird Ghee benötigt, das bei 33 Grad klarflüssig wird. Auf einer Herdplatte sollte beachtet werden, dass sich das Ghee bei Überhitzung selbst entzünden kann!

Im Winter kann das Gefäss auf die Heizung oder auf ein Stövchen gestellt werden, im Sommer reicht die Sonne für das Warmhalten.

Das Mantra für Wairuti ist wie folgt:

Beim Wort *swaha* wird jeweils eine kleine Menge *Ghee* ins Feuer gegeben. Da swaha vier Mal gesungen wird, sind vier kleine Portionen *Ghee* notwendig.

Ein Stück Kuhdung wird mit etwas *Ghee* bestrichen und mit einem Holzstäbchen oder an einer Kerze angezündet und in den *Wairuti*-Topf gelegt. Zudem sollte flüssiges Ghee bereitstehen. Wenn das Feuer gut brennt, wird eine Mantrazeile nach der anderen gesungen und, wie schon gesagt, beim Wort *swaha* eine kleine Portion Ghee in die Flamme gegossen.

OM Tryambakam Homa (Das dritte Auge)

Dieses Ritual ist ein Feuer, das über lange Zeit aufrechterhalten werden kann. Es kann derselbe Topf wie beim ***Wairuti*** benutzt werden. Dazu wird ein grösseres Stück Kuhdung an einem Ende mit etwas Ghee bestrichen. Diese Stelle wird mit einem Hölzchen oder an einer Kerze entzündet. Sobald ein Teil des Dungs brennt, wird das Mantra ***OM Tryambakam*** dazu gesungen. Am Ende des Mantras erscheint das Wort ***swaha***, bei dem ein Tropfen vom flüssigen Fett in die Flamme gegeben wird. Sollte diese zu klein sein, wird etwas mehr *Ghee* dazugegossen. Wenn der Kuhdung ganz durchgebrannt ist, wird ein weiteres Stück dazugelegt. Die Dauer des Rituals sollte 15 Minuten betragen. Sind mehrere Menschen zugegen, kann es allerdings bis auf vierzehn Stunden verlängert werden. Am wirkungsvollsten ist es bei Voll- und Neumond, wobei es das psychische Wohlbefinden steigert. Es gibt einige Orte auf der Welt, an denen das ***OM Tryambakam Homa*** bereits während vieler Jahre ohne Unterbrechung praktiziert wird.

Das Mantra für das OM Tryambakam Homa

OM ist aus der Silbe A – U – M entstanden. Bei A ist der Mund weit geöffnet, beim U am schmalsten und beim M die Lippen geschlossen. Daraus wurde OM oder der „Anfang von Allem." Im Christentum wird das OM in den Eröffnungsversen des Johannesevangeliums folgendermassen umschrieben: *Im Anfang war das Wort, und das Wort war bei Gott, und Gott war das Wort. Dasselbe war im Anfang bei Gott. Alle Dinge sind durch dasselbe gemacht, und ohne dasselbe ist nichts gemacht, was gemacht ist.*

Die Smaragdine Agnihotra-Asche

Wer wissenschaftlich tätig werden möchte, um sich von der Wirkungsweise der Asche selbst zu überzeugen, sollte eine Doppelstudie beginnen. Dabei werden zwei gleich grosse Pflanzen gewählt, wovon die eine mit Asche gedüngt wird und die andere nicht; bitte alle daraus resultierenden Erkenntnisse fein säuberlich notieren.
In diesem Experiment werden die beiden Pflanzen weder vernichtet noch verletzt, sondern sie wachsen anders. Wir erreichen auf diese Weise die Non-Dualität des Nur-Noch, nämlich die des Wachstums.
Wir missbrauchen auch niemals Menschen oder Tiere für eine Wissenschaft, die basierend auf dem Leid von anderen (Herstellung) wieder Leid für die Konsumenten hervorbringen muss, da die bioenergethische Ebene alles transportiert, was zuvor geschah. Auf diese Tatsache wurde bereits vorher eingegangen.
Was der Mensch an Worten und Taten sät, wird er auf jeden Fall wieder selber ernten müssen. Wenn nicht sofort, dann spätestens im nächsten irdischen Leben mit seiner eigenen Seele.

Grundinformationen über die Homa-Asche

	Asche 1, Kuhdung	Asche 2, Holz + Kuhdung
Phosphor	1440 mg / 100 g	1230 mg / 100 g
Kalium	1460 mg / 100 g	540 mg / 100 g
Magnesium	570 mg / 100 g	270 mg / 100 g
pH Wert	10,3 $CaCl_2$	10,2 $CaCl_2$

Der hohe Anteil von Magnesium ist lebensnotwendig für Mensch, Tier und Pflanze. Durch das Auslaugen der Böden und die einseitige Düngung gibt es für alle Lebewesen zuwenig davon.
Magnesium hält beweglich und kann Arthrose, Arthritis und Osteoporose entgegenwirken. Bei fehlendem Magnesium kann die Zellteilung gestört werden, was auch zu Krebs führen kann.

Agnihotra-Asche ist nicht nur zur Düngung geeignet, sie kann auch in kleinen Mengen von Mensch und Tier eingenommen werden. Auf diese Weise wird reines Magnesium geschluckt.

Der pH-Wert, also der Säuregehalt, befindet sich mit 10,3 auf einem sehr guten Level. Unsere Böden sind heute vielerorts übersäuert. Fällt der pH-Wert zu weit ab, sterben Flora und Fauna. Die Asche kann hier eine grosse Hilfe sein, das Absterben zu verhindern und der Natur wieder Leben einzuhauchen.
Auch Mensch und Tier haben vielmals übersäuerte Körper. Adrenalin ist der sauerste Stoff, den der Mensch produzieren kann. Wir sollten darum besser auf unnötige, sogenannte Adrenalin-Kicks verzichten, um uns nicht selber zu schaden.

Wundheilung mit Homa-Asche

Die Asche wirkt antibakteriell, desinfizierend, gerinnungshemmend, zieht das Gewebe zusammen und ist deshalb bestens zur Wundheilung geeignet. Meine eigene Erfahrung kann dies nur bestätigen. ***Agnihotra-Asche*** kann deshalb auch in jede Hausapotheke integriert werden. Die Asche trägt hohe Energiewerte in sich, die beim Ritual versiegelt werden. Auch das Singen der Mantras erhöht die Energiewerte nochmals. In Dharamsala, dem Exilsitz seiner Heiligkeit, dem Dalai Lama, werden alle Arzneien der tibetischen Heilkunst unter Absingen von Mantras hergestellt. Auch die Tibeter wissen, dass bei der Herstellung alles auf der feinstofflichen Ebene gespeichert wird, was anschliessend dem kranken Menschen zu Gute kommen kann. Dies ist einer der zentralen Mängel der Schulmedizin: Statt im Menschen die körpereigenen Abwehrkräfte zu erhöhen, glaubt sie mittels Unterdrückung der Krankheit heilen zu können und manipuliert somit anstatt wirklich zu heilen. Für das kapitalistische System hat das den notwendigen Effekt, dass die Menschen immer wieder krank werden und der Geldfluss in Gang bleibt. Nur darum geht es, und natürlich auch um Macht. Eine besondere Rolle kommt dabei dem Ghee zu, das Lichtenergien besonders wirkungsvoll konservieren kann.
Lange Zeit dachte die Wissenschaft, dass sie mit den Atomen, resp. Elektronen, die Grundlagen der Materie gefunden hätten. Dann aber kamen die Quantenphysiker, die erkannten, dass die Nullpunktenergie dafür zuständig ist (in der Mystik ist diese als die Zentralsonne und der tiefste Erdmittelpunkt (***Gaia***) bekannt). Diese ist der Ursprung allen Lebens, und wird im Studium in Lichtenergie verwandelt. Genau mit dieser Lichtenergie dürfen wir unsere Seele während des Studierens immer mehr füllen, was uns neue Erkenntnisse bescheren wird. Zur Erinnerung: Worte (also Erkenntnisse, die sich in der Seele in Worten äussert) wirken immer zuerst auf die Psyche und erst dann auf den Intellekt.

Das Agnihotra-Aschepulver

Die Asche in ein feines Sieb geben und dann durchschütteln oder klopfen. Es kann zusätzlich mit einem Löffel nachgeholfen werden. Sollten grobe Teile der Asche zurückbleiben, können diese separat aufbewahrt werden. Sparsam sollte sie bei Bäumen verwendet werden und in grösseren Mengen beim Kompost oder für Flüsse und Seen. Und nun die Weiterverarbeitung in

Agnihotra-Aschepuder

Nach dem Sieben wird die Asche zusätzlich in einen Mörser gegeben und noch feiner verrieben.
Mit dem ***Agnihotra-Aschepuder*** sind wir bei der Grundlage für die ***Bioenergethik***, der wissenschaftlichen ***Smaragdinen Ebene*** für die Arzneimittelherstellung der Zukunft angelangt. Das Wort ***Bioenergethik*** ist wissenschaftlich bereits in der dualen Mischform bekannt, nicht aber in seiner Reinheit, in seiner höchsten oder somit auch in seiner tiefsten Form.

Der Urzustand der naturwissenschaftlich untermauerten Medizin als Basis für die neue Dimension der Heilkunst

Hermes Trismegistos und die Smaragdinen Tafeln

Hermes Trismegistos ist eine Gottgestalt aus der griechischen Mythologie, welche der Weiterentwicklung des ägyptischen Gottes ***Thot*** entstammt. Beide werden als jeweilige Begründer einer neuen Art von Wissenschaft angesehen.

Der ägyptische, ibisköpfige ***Thot*** soll der Urvater der ägyptischen Kultur gewesen sein, der die Schrift, die Astronomie, die Astrologie, die Mathematik, die Geometrie, die Architektur und die Heilkunst überbracht hat.

Den Namen ***Hermes*** kennen wir in der ursprünglichen Form als steinerne Wegmarken für Reisende, die Hermen. Hermes war auch der Gott der Reisenden, Hirten, Kaufleute und Diebe; ausserdem der Götterbote von Zeus, Totenbegleiter und Begründer verschiedener Geheimlehren, deren Zeit ebenfalls vorbei ist, da die Erde und die Menschheit gegenwärtig eine mathematische Drehung von 45 Grad machen. Oben (für alle erfahrbar) und Unten (verborgen oder geheimnisvoll) oder Oben (männlich) und Unten (weiblich) wandeln sich nunmehr gleichberechtigt waagerecht in Yin und Yang, weiblich und männlich. Das Verborgene wird für alle als Wahrhaftiges erfahrbar. Unter Wahrhaftiges versteht die Mystik die höchste Form der Wahrheit. Nach ihrer Auffassung gibt es eine subjektive, eine objektive und eine allumfassende Wahrheit, und letztere ist ein Teil der immerwährenden Philosophie.

Eine verbreitete Ansicht über den Beinamen ***Trismegistos*** (was soviel wie der Dreimal Grösste bedeutet), ist, dass er sowohl der grösste Philosoph, der grösste Priester als auch der grösste König gewesen sei. Für unsere Bedürfnisse war er der Träger der Energien von Himmel und Erde, welche im ***Smaragdinen Tor*** des Herzens zu einer Einheit verschmelzen. Er ist, um es für den heutigen Gebrauch auszudrücken, der Träger der Weisheit des Himmels, der Erde und der Smaragdinen Energien seines Herzens, also ebenfalls der ***Drei Mal Grösste Hermes*** der heutigen Tage, den wir ab sofort den ***Drei Mal Weisen Hermes Trismegistos*** nennen wollen.

Egal, wie wir diese Ebene nennen, sie ist und bleibt auch für die Zukunft die Smaragdine Ebene, aus der alle späteren Naturwissenschaften hervorgingen und auch in Zukunft hervorgehen werden, da sie eine Vertreterin der immerwährenden, ewigen Philosophie darstellt.
Mystischem Wissen zufolge stammt das Wort smaragdin aus der Vermischung der Farben der christlichen Vier Grossen Erzengel Michael, Uriel, Gabriel und Raphael, die mit anderen Namen in allen Weltreligionen zu finden sind und somit auch niemanden ausgrenzen. Denn die Schöpfung grenzt niemals ein Individuum aus, es sei denn, dieses entschliesst sich aus seinem freien Willen heraus, dies selbst zu tun!

Die Farben der Erzengel

Erzengel Michael = blau

Erzengel Uriel = burgunderblassrosa (auch altrosa genannt)

Erzengel Gabriel = gelblich-grünlich

Erzengel Raphael = golden

Chemisch gesehen ist der Smaragd eine Verbindung von Kupfer und Silber. Kupfer ist der Leiter von Energien aller Arten schlechthin und Silber das mystische Symbol für die Seele aller Lebewesen.
Unsere Herzen sind der Hauptsitz unserer Seelen. Von dort aus können wir alle Zellen, alle Poren, alle Organe, alle Gedanken und dadurch auch unsere Wortwahl, jeden, aber auch wirklich jeden Teil unserer Körper und auch eine Heilpflanze in all ihren Teilen zu jeder Zeit auf individuelle Art erreichen und verändern – dasselbe gilt auch umgekehrt.
Die Grundlage dafür erhalten wir aus der nun folgenden ***Tabula Smaragdina.***[v] Ich verwende hier die Übersetzung von Gebelein/Burkhardt, da sie unseren heutigen Bedürfnissen am nächsten kommt. An dieser Stelle wird sie mit dem Wissen der Autorin ergänzt, einem Wissen, das den heutigen Bedürfnissen am ehesten dienlich ist.

1) *In Wahrheit und ohne Zweifel: Das* ***UNTERE*** *ist gleich dem* ***OBEREN*** *und das* ***OBERE*** *gleich dem* ***UNTEREN****, damit Weiterentwicklung geschehen kann.*

2) *So wie alles Leben aus* ***EINEM*** *und durch Abwandlung des* ***EINEN*** *sein Wesen erreichen darf, darf jedes Wesen im Schoss des* ***EINEN*** *wieder gewandelt werden.*

3) *Der Vater ist der* ***HIMMEL****, die Mutter ist die* ***ERDE****.*

4) *Beide sind das Wunder der gesamten Welt.*

5) *Ihre Kräfte sind vollkommen, wenn sie im geheilten Herzen vereinigt werden.*

6) *Vereine Dich mit* ***ALLEM****, sanft und mit grosser Vorsicht.*

7) *Die Kraft steigt von der* ***ERDE*** *zum* ***HIMMEL*** *empor und kehrt von dort zur* ***ERDE*** *zurück, auf dass sie die Kraft des* ***OBEREN*** *und des* ***UNTEREN*** *empfange. So besitzt du das Licht der gesamten Welt und alle Finsternis weicht von dir.*

8) *Das ist die* ***KRAFT ALLER KRÄFTE****, denn sie siegt über alles und durchdringt auch alles, auf dass* ***HEILIGUNG*** *geschehen kann.*

9) *Also wird deine Welt nach dem Vorbild der* ***GROSSEN WELT*** *geschaffen.*

10) *Daher und auf diese Weise werden wunderbare Anwendungen bewirkt.*

11) *Darum werde ich* ***HERMES TRISMEGISTOS*** *genannt, denn ich besitze die drei Teile des Wissens der gesamten Welt.*

12) *Vollendet ist, was ich vom Werke des* ***EINEN*** *gesagt habe.*

Die Öffnung des Smaragdtores

Folgende Wege zum vollständigen Aktivieren des Smaragdtores im Herzchakra sind möglich:

a) Mit Tönen und zwar in Dreiklängen, da sich das Neue Zeitalter in einem einzigen Dreiklang äussert, was wiederum als identisch mit der Heiligen Dreifaltigkeit Himmel-Mensch-Erde betrachtet werden kann. Auch darum können wir uns auf eine bessere Zukunft freuen, da wir die Duale Ebene der Zweifaltigkeit verlassen dürfen, welche den Menschen das Getrennt-Sein von Himmel und Erde und dem damit verbundenen Paradigma von Gut und Böse gebracht hat.

Erzengel Michael: h e g

Erzengel Uriel: a c e

Erzengel Raphael: g d a

Erzengel Gabriel: e h d

Diese Töne sind in jeder von Menschen erreichbaren Oktave gleichberechtigt wirksam.

b) Durch Visualisierung, welche die erforderlichen Energieströme ebenfalls gleichberechtigt aktivieren kann:

Erzengel Michael

Energiestrom 1, Farbe blau, von oben

Dieser Strom fliesst von der Zentralsonne durch das Kronen-Chakra, dann nach hinten zur Wirbelsäule und von dort auf der Höhe der Brust in die Mitte des Herz-Chakras; dort dreht er von oben nach unten, stets im Körper und nicht ausserhalb desselben.

Erzengel Uriel

Energiestrom 2, Farbe altrosa, von unten

Dieser Strom fliesst von der Erde (Erdmutter Gaia) durch das Wurzel-Chakra (im Schritt), dann nach vorne zur Bauchdecke und in die Mitte (vorne) des

Herz-Chakras; er strömt von unten nach oben, stets innerhalb des Körpers. Auf diese Weise verbinden sich beide Energiekreisläufe zu einem einzigen. Stellen Sie sich den Energiestrom so lange vor, bis er zu fliessen beginnt.

Erzengel Raphael

Energiestrom 3, Farbe gold von rechts von Ihnen aus gesehen

Dieser Strom fliesst waagrecht von rechts nach links hinten, erreicht das Herz-Chakra durch denselben Eingang wie Energiestrom 1 und dreht im Uhrzeigersinn.

Erzengel Gabriel

Energiestrom 4, Farbe gelblich-grünlich, links von Ihnen aus gesehen

Dieser Strom fliesst waagrecht von links nach rechts vorne, erreicht das Herz-Chakra durch denselben Eingang wie Energiestrom 2 und dreht im Gegenuhrzeigersinn.
Stellen Sie sich auch diesen Energiestrom so lange vor, bis er zu fliessen beginnt.

Wenn die Energieströme richtig fliessen, bilden Sie in Ihrer Vorstellung eine Kugel, so dass sich alle Farben untereinander vermischen. Bleiben Sie ruhig in meditativer Haltung sitzen und verstärken Sie Ihre Vorstellungskraft. So werden Sie in das natürliche Dreigestirn Himmel-Mensch-Erde aufgenommen, was Voraussetzung für alles Weitere ist. Dann stellen Sie sich vor, dass sich die Energieströme zu einem Ball entwickeln. Auf diese Weise wird Ihr Herz das Ebenbild von Mutter Erde, was Voraussetzung für Wahrhaftigkeit, also die universelle Wahrheit, ist.

Die Wiedervereinigung mit Mutter Erde

Damit wir mit beiden Füssen fest auf unserer Erde stehen dürfen, sollten wir einen wichtigen ersten Schritt tun. Wir verlagern die Mitte unseres Körpers vom Chakra des Solarplexus, etwa zwei Zentimeter oberhalb des Bauchnabels, hinunter zu unseren Fussknöcheln und dürfen so in das Reich aller universellen Seelenebenen eintreten. Dieses Reich ist grenzenlos! Sollte jemand bein- oder fussamputiert sein, ist dies kein Hinderungsgrund, denn die feinstofflichen Kräfte unserer Körperteile sind genauso wenig zerstörbar wie die Seelen aller Lebewesen. Die Medizin kennt für diese Tatsache das Wort ***Phantomschmerz***. Nehmen Sie Ihre Vorstellungs- oder Visualisierungskraft zu Hilfe und Sie sind als gleichberechtigtes Mitglied bei der Wiedervereinigung mit dabei, denn die Schöpfung grenzt niemanden aus, es sei denn, wie schon gesagt, ein Individuum entscheidet sich mit seinem freien Willen dagegen!

In der Mystik wird die neue Mitte ***Keltisches Kreuz*** genannt. Das Symbol des Kreuzes entstammt ebenfalls der ***Ewigen Philosophie*** und konnte, entgegen vieler Behauptungen der lauen, intellektuellen Ebene, nicht erst in frühchristlicher Zeit Einzug in unser Bewusstsein halten. Ursprünglich standen Kreuze an Weggabelungen und sind dort bis heute anzutreffen. Es konnte auch mit dem Pluszeichen in der Mathematik Einzug finden. In der frühchristlichen Zeit breitete sich das Kreuz in Irland, Schottland, Wales und Schweden aus. Das keltische Kreuz wird ebenfalls Hochkreuz, Radkreuz oder irisches Kreuz genannt. Es vereinigte ursprünglich einen gleich langen Quer- und Längsbalken, der von einem Rad umgeben war. Die Verbindung von beidem symbolisiert in der Mystik bis zum heutigen Tag die Verbindung mit den vier Elementen, den vier Jahreszeiten, den vier Himmelsrichtungen und den vier Grossen Erzengeln; auch die Gleichstellung von Männlichem und Weiblichem im Menschen ist hier symbolisiert. Der Kreis um die beiden Achsen steht für die Unendlichkeit der Seelenebene aller Lebewesen. Auch in den indischen Veden findet sich dieses Symbol, wo es den Namen ***Kiakra*** trägt.

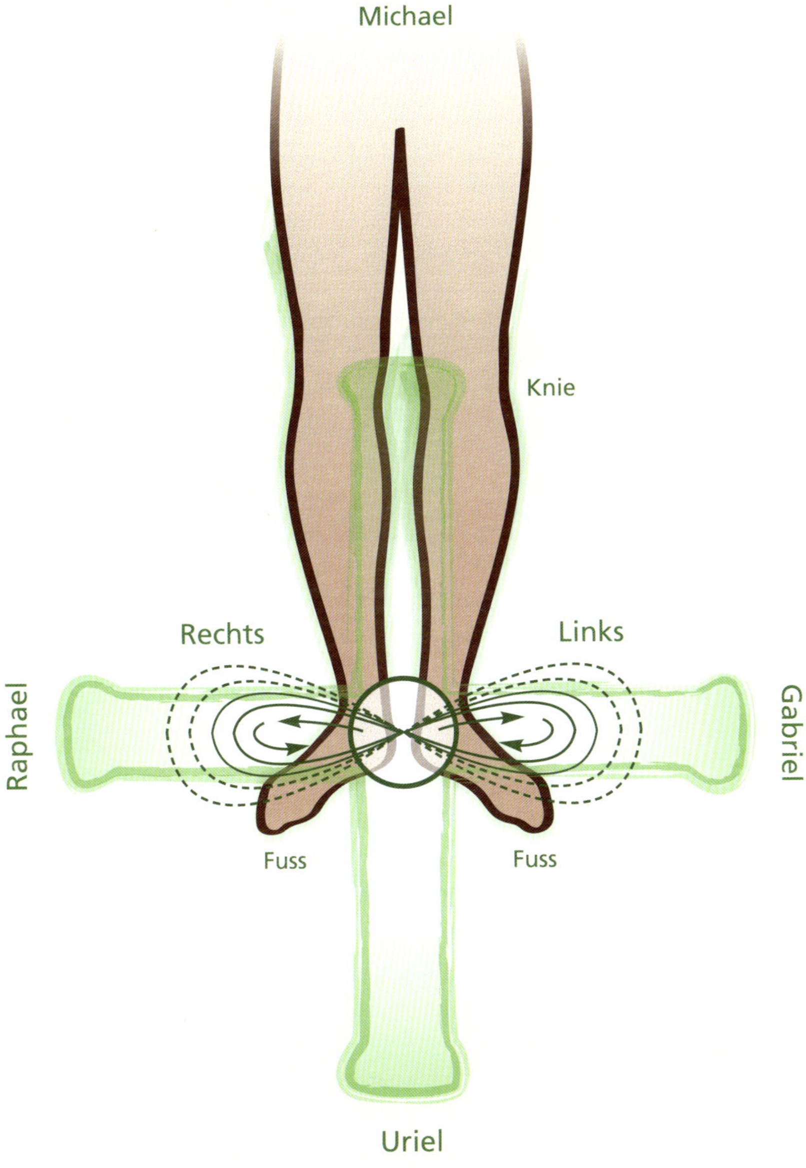

Keltisches Kreuz

Bisher haben Sie schon öfter den Ausdruck ***laue Ebene*** lesen können. Dieser kommt in der Mystik eine wichtige Bedeutung zu. ***Lau*** ist bekanntlich weder heiss noch kalt, sondern eine Mischung von beidem. Es verkörpert nie nur die Wahrheit, sondern auch die Lüge, das ***Sowohl – Als auch.*** Die laue Ebene ist nie wirklich richtig und nie wirklich falsch und sie ist die Trägerin der Dualität von Gut und Böse, Richtig oder Falsch, Hell oder Dunkel oder Giftig und Nicht-Giftig. Sie vereint somit nicht, sondern entzweit, weshalb auf dieser Ebene in allen Facetten gestritten werden kann. Sie ist die Basis für den zwischenmenschlichen, täglichen Kleinkrieg bis hin zu den grossen Kriegen; und sie ist Ausdruck des Getrenntseins von Allem, verbunden mit Leid, Ängsten, fehlender Lebensfreude, Aggressionen aller Arten und Krankheiten mit imposanten, Angst einflössenden Namen, die es nur auf der lauen, verkopften Ebene gibt und sonst im ganzen Reich von Himmel und Erde nirgendwo.

Dieses Buch gibt Ihnen die Möglichkeit, aus dem täglichen Wahnsinn auszusteigen und in die Welt der Non-Dualität einzutauchen. Einer Welt, wo aus dem **EINEN ALLE** und **ALLES** als gleichberechtigt angesehen werden und es auch sind. Eine Welt also, die uns das Paradies auf Erden zurückbringen kann, sofern Sie dies zulassen. Die ***Smaragdinen Tafeln*** des ***Hermes Trismegistos*** beschreiben nichts anderes als den Weg dazu.

Nachdem Sie Ihre Körpermitte nun zu Ihren Knöcheln erdwärts verschoben haben, können Sie auch den tiefsten Erdmittelpunkt energetisch erreichen. Wir nennen ihn an dieser Stelle die Erdmutter ***Gaia***.

Gaia

Die Erdmutter oder auch Mutter Erde ist eine Bezeichnung für eine weibliche Gottheit, die weit in die vorchristliche, römische oder keltische Zeit zurückreicht. In unserem Fall entnehmen wir den Namen der griechischen Mythologie, deshalb eben ***Gaia***. Ein gleichberechtigter Ausdruck sind auch ***Demeter*** oder die kleinasiatische ***Kybele***. Die Römer nannten sie ***Terra Mater***, also ebenfalls Erdmutter. Sie ist in allen Kulturen die Urmutter, die Urgöttin oder die Grosse Mutter (Magna Mater), die der Erde das Leben einhaucht und das Wachstum aller Lebewesen ermöglicht. Die Erdmutter konserviert auch die Seelen aller Lebewesen, um sie zu gegebener Zeit in Zusammenarbeit mit der Zentralsonne (sie wird im nächsten Kapitel beschrieben) wieder zum Leben zu erwecken. Sie ist also präzisiert nichts anderes als die Seele unseres Planeten, der atmet und sich ständig verändert, damit auch wir atmen und uns ständig verändern können und auch dürfen.

Damit dies gelingt, verändert sich also auch unser Planet, was sich im gängigeren Wort ***Klimawandel*** niederschlägt. Dies geschieht, weil der Planet Erde mit uns eine Drehung von 45 Grad vollzieht. Wir bewegen uns zurzeit immer mehr von unserem ursprünglichen Standort weg. Die Folge davon ist, dass wir auf einem anderen Breitengrad landen werden. Dadurch verändern sich auch die klimatischen Bedingungen, was uns sowohl Türen zuschlägt, aber auch genauso viele neue öffnet.
Dieser Prozess wird von Himmel und Erde dann in Gang gesetzt, wenn die Erdmutter ihre Selbstheilungskräfte aktivieren muss, um nicht zu ersticken. Das Wasser ist ihr dabei eine wertvolle Stütze, und niemand wird diesem eine reinigende Wirkung absprechen.
Es ist aus mystischer Sicht auch selbstverständlich, dass die Polkappen und die Gletscher abschmelzen, um der Menschheit ein neues Lebensfeld zu erschliessen. Es dürfte in absehbarer Zeit auch eintreffen, dass die heutigen Wüsten die im Sand schlummernden Wesenheiten wieder freigeben, was ebenfalls zu einer Wieder-Begrünung der Erdoberfläche führen wird. Danach wird sich die Erde in den Industrienationen mit Sand schützen, um sich mit ihren Selbstheilungskräften erneuern zu können. Jedes Lebewesen kann sich nur auf diese Weise wahrhaftig, also in Tat und Wahrheit, heilen. Alles andere ist eine Illusion.
Gletscher haben die Aufgabe, das Urwissen der Menschheit, das in den Seelen der konservierten Gesteinsarten schlummert, immer wieder aufs Neue freizugeben.

Nicht nur wir Menschen machen Konserven – die Natur ebenso!

Auf diese Weise werden neue Zeitalter ermöglicht. Von einer Katastrophe zu sprechen, ist also nur bedingt richtig, da es in keinem Fall im Sinne der Schöpfung ist, dass die Menschheit ausgerottet oder der Planet Erde unbewohnbar wird. Und das Märchen vom strafenden Gott, der richtet und unsere Sünden sieht, ist auch eine Erfindung der lauen Ebene, des Getrenntseins von Himmel und Erde. Weder die Erde noch der Himmel urteilen oder richten, und ausser uns Menschen auch kein anderes Mitgeschöpf auf unserem Planeten.

Werden und Vergehen sind weitere Tatsachen der immerwährenden Philosophie. Das heisst: Es war schon immer so, es ist wie immer so und es wird auch weiterhin so sein. Die Dauer der Zyklen kann sich verändern, aber niemals das Werden und Vergehen.
Aus mystischer Sicht sind unsere Seelen unsterblich und werden immer wieder in den Schoss von Mutter Erde gebettet, um dann ein weiteres Leben beginnen zu können, bis wir so klug und weise geworden sind, dass unsere Seelen auf einem anderen Planeten in anderer Gestalt wiedergeboren werden. Der körperliche Tod ist also in jedem Fall ein Teil-Tod.
Aus diesem Grund haben die unsäglichen Hexenverbrennungen im Endeffekt auch nichts gebracht, ausser, dass sich die westlichen Wissenschaften von der Natur abspalteten und eine teils bedenkliche Eigendynamik entwickeln konnten, die der Lüge viel näher ist als der Wahrheit. Davon betroffen ist auch die westliche Medizin, und zwar sowohl die so genannte Schulmedizin wie auch die so genannte Alternativmedizin, die zwar gerne das immer wieder missbrauchte Wort ganzheitlich für sich beansprucht, aber genauso weit davon entfernt ist wie die Schulmedizin auch. Beide hängen nämlich auf der lauen Ebene fest und basieren auf der Lehre der sieben Chakren. Auf die Neuordnung derselben wird in einem anderen Kapitel eingegangen.

Zur **WIEDER-HEILIGUNG VON UNS MENSCHEN** gehört als ein ganz wichtiger Schritt das Verzeihen. Die Geschichte wiederholt sich so lange, bis ein Mensch seinem Feind verziehen hat. Im richtigen Moment erreichte mich ein Magazin mit folgendem Leitfaden, der aus der Feder von Desmond Tutu stammt, der uns als Friedensnobelpreisträger und ehemaliger anglikanischer Erzbischof von Kapstadt bekannt ist. Zusammen mit seiner Tochter Mpho verfasste er ein Buch über das Vergeben.[VI]

Darin heisst es:

Ich vergebe dir.

Diese Worte sind so klein,

aber ein Universum liegt in ihnen verborgen.

Wenn ich dir vergebe, verschwinden die Fesseln von Groll, Schmerz

und Traurigkeit, die mein Herz gefangen hielten.

Wenn ich dir vergebe, wirst du mich nicht länger definieren.

Du hast mich eingeschätzt, beurteilt und entschieden,

mir Schmerz zuzufügen.

Ich zählte nicht, aber ich vergebe dir, denn ich bin wertvoll.

Ich bin grösser als das Bild, das du von mir hast.

Ich bin stärker, ich bin schöner, und ich bin unendlich kostbarer

als du glaubtest.

Ich vergebe dir.

Meine Vergebung ist kein Geschenk von mir an dich.

Wenn ich dir vergebe, wird meine Vergebung ein Geschenk für mich.

Die **WIEDER-HEILIGUNG VON UNS MENSCHEN** kann auch nicht mit Machtausübung über Mitmenschen einhergehen. Eine solche Tätigkeit ist eine unentschuldbare Handlung gegenüber der Schöpfung, da ein solcher Mensch Gott spielt. Er masst sich an, über andere Köpfe hinweg zu richten, zu urteilen, zu erniedrigen, auszugrenzen, Leben und Existenzen zu vernichten, zu zerstören, zu töten und ist offenbar der Meinung, es gäbe für sein Tun jede Form von egoistischer Berechtigung. Hauptsache, es hilft der eigenen Eitelkeit und der eigenen Selbstüberschätzung.

Auch dies ist eine mystische Feststellung und somit dazu da, sich der eigenen Schwächen bewusst werden zu können, auf keinen Fall aber soll damit irgendjemand diskriminiert werden.
Diesen Tatsachen fügen wir nun weitere Leitgedanken hinzu, damit auch Sie den Kosmos des Gegeneinander verlassen und den des Miteinander mit allen Mitgeschöpfen betreten können. Sie lauten:

Ein herzdenkender Mensch ist sich bewusst, dass das Unterdrücken von Mitgeschöpfen die Wurzel allen Übels auf diesem Planeten ist, und übt keine Macht über andere aus.

Ein mit dem Herzen denkender Mensch beschränkt sich darauf, einen Mitmenschen sachlich auf einen gemachten Fehler aufmerksam zu machen, da er sonst nichts dazulernen kann.

Jeder Mensch hat das Recht, Fehler machen zu dürfen, auf dass er klug und weise werden kann.

Wir sind uns bewusst, dass es kein ausschliessliches Gutes und kein ausschliessliches Böses gibt, sondern dass Alles immer in Allem enthalten ist.

Jeder Mensch hat das Recht, in jedem Fall seinen freien Willen benutzen zu dürfen.

Ein mit dem Herzen denkender Mensch hört auf seine innere Stimme und lässt sich, wenn möglich, nicht durch Äusserlichkeiten manipulieren.

Die „Initiative Herzwissen" steht ***ALLEN*** *interessierten Menschen offen und grenzt somit niemanden aus.*

Ein mit dem Herzen denkender Mensch weiss, dass niemand perfekt sein muss, aber dass er die Bereitschaft haben sollte, dazuzulernen. Dies ist der eigentliche Zweck eines jeden Erdenlebens.

Wir massen uns nicht an, darüber befinden zu können, wie andere zu sein haben.

Ein mit dem Herzen denkender Mensch ist sich bewusst, dass er allein für seine Worte und Taten verantwortlich ist, und er akzeptiert die persönliche Wahrheit von anderen.

Ein mit dem Herz denkender Mensch weiss, dass die Schattenseite seines Charakters das Lernpotenzial für den jetzigen Lebensweg ist.

Ein herzdenkender Mensch weiss, dass Probleme die Ursache für menschliches Fehlverhalten sind und korrigiert sein Tun auf persönliche Art.

Wir respektieren die Grenzen der Mitmenschen.

Ein mit dem Herzen denkender Mensch steht offen und ehrlich zu dem. was er macht oder er lässt es bleiben.

Wenn Sie diese Thesen verinnerlicht haben, sind Sie Ihrer Wieder-Heiligung ein grosses Stück näher gekommen und Sie gehen als anderer Mensch Ihren weiteren Lebensweg, was Ihnen und Ihrer gesamten Umgebung wahrhaftige und somit nachhaltige Heilung bringen wird.

Die Wiedervereinigung mit Vater Himmel

Damit wir uns wieder mit dem **URSPRUNG ALLEN SEINS** verbinden können, tritt nun die Zentralsonne in unser Bewusstsein. Stellen Sie sich eine Sonne hinter der Ihnen bekannten vor. Sie ist der himmlische, gemeinsame Nenner **ALLER** Lebewesen auf dem Planeten Erde, was auch für den tiefsten Erdmittelpunkt zutrifft. Diese Sonne ist der gemeinsame Ausgangspunkt zur Verbundenheit mit allen Pflanzen, allen Bäumen, allen Menschen, allen Tieren, allen Mineralien – kurz – wodurch sich **ALLES** mit **ALLEM** zum **EINEN** fügt. Sie ist der andere Pol zum Erreichen der universellen Seelenebene, auf der es keine unheilbaren Krankheiten, kein Leid, keine Gewalt, kein Giftig oder Ungiftig mehr gibt. Diese Tatsache, die ebenfalls der Immerwährenden-Ewigen Philosophie entstammt, findet Niederschlag in der tiefsten aller Wahrheiten, der christlichen ***Heiligen Schrift***, in der ***Offenbarung des Johannes***. Diese gibt die universellen Energien, und somit auch die Worte, in fast perfekter Form wieder. Und zwar so, wie es keine andere Stelle der Heiligen Schrift auch nur annähernd schafft. Nun werden Sie sich fragen, warum denn nicht absolut perfekt? Hier kommt wieder die Weisheit des ***Hermes Trismegistos*** zum Tragen, dem ***Drei Mal Grössten*** oder auch dem ***Drei Mal Weisen***.

Das bedeutet:
Die Vollendung zur irdisch gesehenen Perfektion offenbart sich Menschen, die eine Berufung haben, sie zu vollenden. So wird verhindert, dass

Personen, die nicht über die notwendige Berufung verfügen, ein neues Zeitalter wahrhaftig mit gestalten können. Darum liegen auch Jahre zwischen dem Initiationsritual der Autorin (in diesem Fall im Münster zu Basel) und der Veröffentlichung ihres ersten Buches.
Die heutige, irdische Zeit ist manipuliert und gibt nicht die universelle Zeitrechnung wieder. Diese kennt 14 Monate und 14 Stunden und 14 Minuten. Die Sekunden sind eine Kopfgeburt der Menschheit und Ausdruck des nun auslaufenden Zeitalters des Fisches. Die Schöpfung selber kennt keinen Zeitbegriff. Die Mathematik wird also ebenfalls eine Veränderung erfahren müssen und kommt so der Wahrhaftigkeit näher; wie nahe, entscheiden die dafür vorgesehenen Gelehrten.

Die Knospen der Bäume erlauben der Mystik die möglichst genaue, universelle Zeitmessung. Wer ihnen über Jahre ganz genau bei der Entfaltung zusieht, nach dem Laubabfall im Herbst bis zum erstmaligen Erscheinen der Farbe grün im Frühjahr, dem wird offenbart, dass die Entfaltung in vierzehn Schritten erfolgt.

Das ist die kosmische Energie des **EINEN**. Die Energie also, welche aus dem EINEN Anderes wandeln kann (vergl. die Zweite Tafel des ***Hermes Trismegistos***). Und genau dies werden wir zusammen tun. Wir werden auf diese Weise die Phytotherapie von Grund auf erneuern dürfen (und nicht einfach aus anderen Büchern abschreiben und neu zusammensetzen, was Ausdruck der lauen Ebene ist und dem ausgehenden Zeitalter des Fisches zugeordnet wird).

Nun also besitzen auch Sie die Voraussetzung dafür, ein ***Hermes Trismegistos*** zu sein. Was uns noch fehlt, ist das Aktivieren der dazu erforderlichen Energien.

Erinnern wir uns an die Siebte der ***Smaragdinen Tafeln***?
Die Kraft steigt von der ***ERDE*** *zum* ***HIMMEL*** *empor und von dort wieder zur* ***ERDE*** *zurück ....*

Begeben Sie sich nun in eine meditative Haltung, die Sie auf Ihre Weise beherrschen, so dass Sie sich dem Neuen vollumfänglich zuwenden können.

1) *Aktivieren Sie die Energieströme des Smaragdtores.*
2) *Denken Sie sich beim Einatmen von der Erdmutter Gaia bis zur Zentralsonne.*
3) *Denken Sie sich beim Ausatmen von der Zentralsonne bis zur Erdmutter Gaia.*

Mit zunehmender Übung bemerken Sie, dass sich die Energien von unten nach oben und von oben nach unten gut spürbar verstärken. Bedenken Sie bitte auch: Übung macht den Meister, und Sie besitzen nun die drei Teile der Weisheit der ganzen Welt.

1) *Die Weisheit des Smaragdtores, Ihre innere Stimme mit der Seelen-Verbindung Himmel-Erde-Heilpflanze.*
2) *Die Weisheit der Erdmutter Gaia.*
3) *Die Weisheit der Zentralsonne.*

Letztere wird religiös ausgedrückt auch als Gott, Allah, etc. verstanden. Der hier gängige Ausdruck Zentralsonne wird gewählt, um so der Absicht der Schöpfung, die dahinter steckt, zum Durchbruch zu verhelfen, nämlich, dass dieses Buch für **ALLE** Interessierten zugänglich gemacht werden soll, unabhängig von Religion, Ethnie oder Nationalität. Die Absicht der Schöpfung, die dahinter steckt, ist die wahrhaftige ***Quinta Essentia***, die Urkraft für eine wahrhaftige Heilung aller Krankheiten, die noch eine ganz wichtige, andere Urkraft für uns bereit hält, von der später die Rede sein wird.

Jede Heilpflanze war schon immer eine Trägerin der Urkraft oder eben der Trinität und ist es bis zum heutigen Tag geblieben.
Es ist der Schlüssel für das Urvertrauen zum Grünen Reich von Mutter Erde, dem Vertrauen, das der Menschheit mit der Verbrennung der Hexenkörper genommen wurde. Die Folgen davon bekommen wir täglich zu spüren.

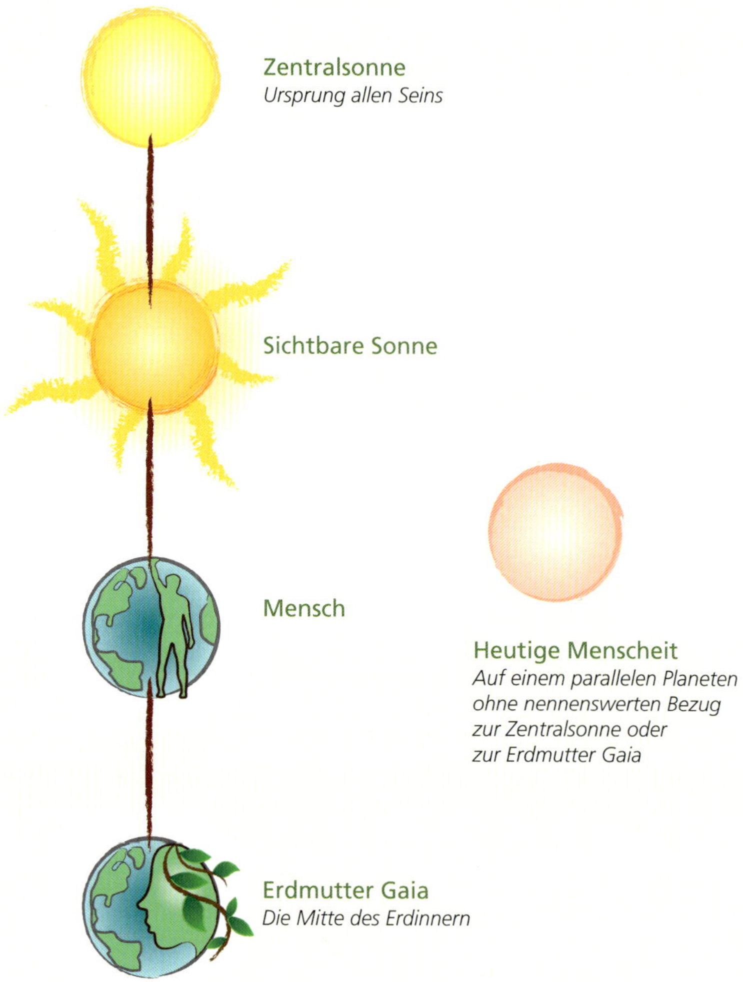

Nun sind Sie am Anfang zum wahrhaftigen ***Hermes Trismegistos*** für das Zeitalter des Wassermannes angelangt und auf der universellen Seelenebene mit dem **EINEN** und somit auch mit **ALLEM** erstmals als Grundlage für Weiteres verbunden. Es ist die Ebene, welche unsere Mitgeschöpfe auf dem Planeten Erde im Unterschied zu uns nie verloren haben: Die Ebene der mystischen Trinität oder der wissenschaftlichen ***Tria Principia***.
Herzlich willkommen!

Es wird ausdrücklich erwähnt, dass diese Ebene nicht speziell nach einer akademischen Vorbildung verlangt. Nach unserer mittlerweile sechsjährigen Erfahrung ist eine beruflich erfolgreiche Laufbahn ebenbürtig. Diese kann durchaus vom Biobauer bis zur Designerin, von der pensionierten Bankkauffrau bis zum IT- Spezialisten, von der Naturwissenschaftlerin bis zum Kunsttherapeuten reichen und ist ebenfalls altersunabhängig.
Kurz: Es geht auf dieser Ebene weniger um so genannte landläufige Intelligenz, sondern um Herzensbildung und seelische Reife; diese sind für ehrliche Menschen sehr geeignet, die mit beiden Beinen im Leben stehen und charakterliche Ecken und Kanten, Stärken und Schwächen zeigen – kurz: die die ganze Palette vom Schmusekater bis zum Raubtier oder vom Veilchen bis zur Kratzdistel zugeben können und dazu auch stehen.
Die Kunst der mystischen Ebene besteht darin, nicht zu werten und nicht zu urteilen.

Es ist wie es ist
und fertig ist die ganze G'schicht.

Der Quantensprung von sieben auf vierzehn Chakren

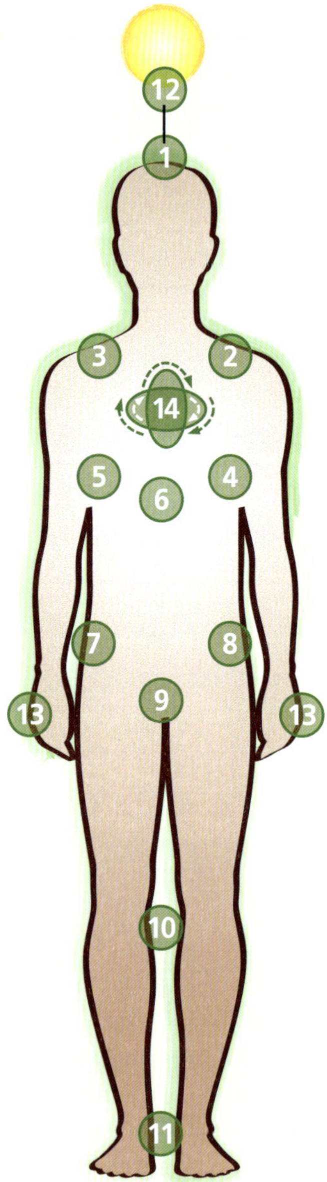

Einigen von Ihnen wird die Darstellung irgendwie bekannt vorkommen: Es handelt sich um die vollständige Wiedergabe der **KaB AlA**. Dieses Buch ist also eine Verbindung von Hermetik und KaB AlA. Diese wird nun das erste Mal einer breiteren Öffentlichkeit zugänglich gemacht. Bis jetzt war sie Teil der Lehre von Eingeweihten und Gelehrten.

Unsere **KaB AlA** geht auf alle Zeitalter der Menschheit zurück, welche für die inkarnierten Seelen nur zum Teil bewusst gemacht werden. Alle grossen Weltreligionen kennen sie bis heute. Sie ist eine vertiefende Darstellung des Weltenbaums und ein Symbol aus der Ewigen Philosophie. AlA stammt ursprünglich aus der afrikanischen Mystik, bedeutet dort Sitz des Urgottes (beachten Sie die drei Buchstaben) und wird als Zentralsonne Afrikas bis heute auch in Stammesreligionen mit anderen Namen verehrt. Die Massai beispielsweise kennen sie als En Kai, der seinen Gottessitz auf dem Kilimandscharo hat. Eine Überlieferung besagt, dass auch wir unsere Wurzeln auf dem afrikanischen Kontinent haben, und dass alle heutigen Weltreligionen aus dem Urgott AlA entstanden sind.

Ritual vor der vollständigen Öffnung der vierzehn Chakren

Dies ist die Grundlage zur vollständigen Erneuerung des gesamten Organismus und zur höchstmöglichen Stärkung der Selbst-Heilungskräfte auch im Zusammenspiel mit Heilpflanzen: Alles, was sich in unseren Seelen „konserviert", hat als Ursprung das Wort.
„***Am Anfang war das Wort***..." lehrt jede Weltreligion zu Recht.

Die heutige Gesellschaft hat sich einen ziemlich liederlichen Umgang mit dem Wort angeeignet. Worte sind nämlich Energie, und nicht etwa Schwingung, wie eine weit verbreitete Halbwahrheit der lauen Ebene verkündet, und können den kosmischen Energiehaushalt in uns empfindlich stören. Darauf wurde im Kapitel über die Bioenergethik bereits vertiefend eingegangen. Der Kern jeder Schwingung ist die Energie von Sonne und Erdmutter, da sonst gar keine Schwingung möglich wäre. Die ganze Welt ist also Energie und nicht Schwingung.
Damit die „Problemzonen" ins uns „entstört" werden können, dürfen wir an dieser Stelle bis in die tiefsten Schichten jeder Pore, jeder Zelle und somit in wahrhaftig alle Teilchen unserer Körper eindringen und grundlegende Erneuerung herbeiführen.
Somit wird **ALLES** in **ALLEM** aus dem **EINEN** geheilt und gewandelt, wie dies in den Smaragdinen Tafeln des Hermes Trismegistos beschrieben wird.

Das Ur-Alphabet zur Ausleitung ALLER Krankheiten

Aus dem **EINEN** bedeutet in unserem Fall aus dem ***Ur-Alphabet*** aller Sprachen, die je schon einmal auf diesem Planeten gesprochen wurden und werden. Diese Tatsache kennt ebenfalls jede Weisheitslehre jeder Weltreligion, genauso wie uralte Heilmethoden, die weit hinter der heutigen Zeitrechnung zurückliegen. Jeder Buchstabe jedes Wortes findet Resonanz in unseren Seelen und beeinflusst dort den Energiehaushalt in jeder möglichen Form, also auch die Entstehung von so genannten Krankheiten.

Als Grundlage dient uns wieder die Offenbarung des Johannes, Kapitel 4,2:

Alsbald kam der Geist über mich. Und siehe, ein Thron war gesetzt im Himmel, und auf dem Thron sass einer; und der da sass, war anzusehen gleichwie der Stein Jaspis und Sarder; und ein Regenbogen war um den Thron, anzusehen gleichwie ein Smaragd. Und um den Thron waren vierundzwanzig Throne, und auf den Thronen sassen vierundzwanzig Älteste, mit weissen Kleidern angetan, und hatten auf ihren Häuptern goldene Kronen.[VII]

Diese goldenen Kronen werden uns im Kapitel über die Heilpflanzen vertiefend beschäftigen, genau so wie der ***Smaragdine Thron***.
Der Thron, der wie ein Smaragd anzusehen ist, dürfte Ihnen nun bekannt sein. Um diesen Thron waren vierundzwanzig Throne mit den Ältesten des lebendigen Wortes. Zusammen ergibt dies die Zahl 25. Die Quersumme davon ist die Zahl Sieben.
Diese steht in der Mystik als die primäre Quelle von Allem. Ist also das **EINE**, welches ebenfalls die ***Smaragdinen Tafeln*** erwähnen. In diesem Fall symbolisiert die Passage aus der Offenbarung nichts anderes, als dass wiederum **ALLES** in **ALLEM** vom **EINEM** (Ur-Alphabet) gewandelt werden darf.

Wir treten nun zusammen in die tiefste Ebene der Wandlung ein und beschäftigen uns mit den vierundzwanzig Ältesten des lebendigen Worts. Sie sind das schöpferische Alphabet des **EINEN** und stehen für die Urworte und die Urklänge des gesamten Kosmos, transformieren Dis-Energien und fokussieren die kosmische Ordnung in **DEM** Menschen, der sich damit beschäftigt.

Treffen Sie nun Vorbereitungen für das Sprechen, für den Sprechgesang oder für das Singen mit den Silben dieses Ur-Alphabetes. Das kann eine

Waschung, ein Fastentag, eine liebevolle Umarmung eines Baumes, der ebenfalls die kosmische Ordnung in Vollendung verkörpert, sein, oder was auch immer Sie für sich und das Ur-Alphabet ausgewählt haben.
Auf jeden Fall sollten Sie sich der Erhabenheit dieses Momentes bewusst sein!
Dieses Ur-Alphabet gibt Silben aus der lemurischen Sprache wieder. Die Lemurer werden als die Vertreter der ersten Menschheit angesehen. Sie können das Ur-Alphabet wie ein Mantra wiedergeben und aus dem Moment heraus erklingen lassen. Bedenken Sie bitte: Der Kosmos urteilt und wertet nicht bei allfällig „schrägen" Tönen. Aber jede einzelne Silbe verändert die Zellstruktur in Ihrem ganzen Körper und erneuert den gesamten Organismus. Wer sich von Klangschalen begleiten lassen möchte, darf dies guten Gewissens tun. Sie sind jeder Kirchenorgel weit überlegen, weil sie das Zusammengehen mit den Heilpflanzen auf perfekte Weise anschaulich machen. Wie das geht, wird Ihnen auf dem **USB-Stick** erklärt. Klangschalen bündeln die kosmischen Energien der Musik wie kein anderes Musikinstrument, und sind den Pyramiden gleichzusetzen, welche denselben Zweck haben. Sie können das Ur-Alphabet nun solange oder auch immer wieder wiederholen, bis Sie absolute Sicherheit in sich spüren.

Das Ur-Alphabet offenbart sich uns folgendermassen:

Grundlage:

Ältester 4

CI NI ON RU

Ältester 21

NI AN RA

*Der königliche Hof des Oktober**

3
RA NU NA RU

2
CE NE ON RU

1
MI LA NA RU

5
AN LI NA RU

22
MA NU RA

23
RE AN RA

24
CI RE RA

20
CE NA RU

6
LA CE ON RU

7
NI MA RU

8
OH NI RU

9
RE LI RU

10
ON OH RU

11
CI NA RU

12
LA ON RU

19
ON NU RA

18
LI NU AH RU

17
AH RA NA RU

16
NU RE AH RU

15
RE AH NU RU

14
MA ON AH RU

13
ON NI AH RU

Die Ziffern ergeben immer die Quersumme 7. Jeder Ältester ist ein unverzichtbarer Teil zum **EINEN**, also zum **GANZEN**, aus dem wiederum **ALLES** gewandelt werden darf.

Mit zunehmender Praxis eröffnen sich Ihnen zwei weitere Paare mit zwei weiteren Silben, damit Sie die Selbstkontrolle erhalten, ob Sie die Spitze der Pyramide bereits erreicht haben.
Der männliche Teil beinhaltet vier Silben, der weibliche drei. Beim siebten Paar kehrt sich das Ganze ins Gegenteil. Männlich und Weiblich sind also auch hier gleichberechtigt.

*Der königliche Hof des Oktober ist astrologischen Ursprungs. Im Oktober ist das Tierkreiszeichen der Waage aktiv. Die Waage ist das ursprüngliche Symbol für die Gleichberechtigung von Männlich und Weiblich im Menschen, welches später von der Justiz für ihre Zwecke geändert wurde.

Die Wieder-Heiligung für die Heilpflanzen

Die heutige Phytotherapie ist eine Beleidigung für die Heilpflanzen, für Mutter Erde und Vater Himmel. Da werden die **DREI MAL WEISEN HEILPFLANZEN** auf eine **EIN MAL WEISHEIT** zurückgestuft, mit angeblich beschränkter Wirkungsweise und mit Inhaltsstoffen, von denen ausser dem Menschen im Grünen Reich von Mutter Erde noch niemand etwas gehört hat.

Da ist es doch verständlich, dass die Heilpflanzen nicht mehr mitkommen und schon gar nicht mitmachen wollen. Sie haben sich noch nie dem Kampf gegen Krankheiten verschrieben, sondern waren immer schon gleichberechtigte Lebewesen, denen wir künftig wieder „auf Augenhöhe" begegnen sollten und zwar ***mit Liebe, Respekt und Achtsamkeit***.

Die eigentliche Aufgabe der Heilpflanzen besteht darin, Mensch und Tier mit ihren Seelenkräften so zu stärken, dass beide Arten der Mitgeschöpfe gar nicht erst krank werden müssen; und sollte doch einmal ein Wurm in einen Körper schlüpfen, dann sollten Sie ihn mit einer der fünf Heilpflanzen der ***Smaragdinen Ebene*** schnellstmöglich wieder loszuwerden. Denn nur fünf Heilpflanzen braucht ein Mensch, um gesund zu bleiben und glücklich und munter seinen jetzigen Lebensweg im Einklang mit Himmel und Erde gehen zu können.
Auf der mystischen Ebene manifestiert sich übrigens jede Krankheit in Form eines Wurmes, darum die Ausdrucksweise wie oben.

Also, schalten Sie bitte Ihren Ehrgeiz um zwei Gänge herunter, und schon sind Sie wieder mit Mutter Erde, Vater Himmel und den Heilpflanzen verbunden, so wie Sie dies im ersten Teil dieses Buches wieder erlernen konnten.
Sie dürfen sich auf eine Bank oder auf eine Wiese setzen und die Energie der Heilpflanzen mit dem jeweiligen Chakra Ihres Körpers verbinden. Wiederholen können Sie dieses Ritual so lange und so oft wie es für Sie stimmig ist, bis Sie mit jedem der 14 Chakren und den dazugehörenden Heilpflanzen alle Zellen und Ihre Seelenebene bis in ihren Kern in Einklang mit Himmel und Erde gebracht haben.
Sie werden staunen, wie viele Krankheiten sich ohne weiteres Zutun bereits auf diese Weise heilen lassen!

Wer wahrhaftig heilkundig werden möchte, sollte aufhören, in Dualitäten wie Schwarz und Weiss zu denken. Und er sollte sich auch nicht anmassen zu behaupten, dass er andere heilen kann. Heilen kann sich jeder Mensch nur aus sich selber heraus. Die wahrhaftige Art des Heilens ist ein Prozess, dessen Dauer ein jeder für sich selber bestimmt. Das hier vorliegende Buch gibt darum „nur" die dazu erforderlichen Übungseinheiten wieder, damit wahrhaftige Selbst-Heilung geschehen kann.
Wären mir in meinem Leben nicht immer wieder Heilkundige, sowohl von einer Universität wie auch von den Vertreter der Volksmedizin, begegnet, hätte dieses Buch in seiner Tiefe niemals entstehen können! Erst beide Pole zusammen machen wahrhaftig heilkundig.

Nach meiner Erfahrung können sich Vertreter der Universitäten ziemlich schnell pointiert ausdrücken; die Menschen der volkskundlichen Erfahrungsmedizin brauchen länger, damit sich die Kernaussage offenbaren kann. Ich habe gelernt, zu schweigen und vor allem gut zuzuhören. Und dabei lerne ich so manches Wort aus verschiedenen Dialekten kennen und schätzen und bin schon etliche Male in einer urgemütlichen Alphütte gelandet, bei Kafi-Fertig, Zirbenschnaps, Obstler, Slivovic und wie die Wässerchen sonst noch so alle heissen. Sie klären nämlich so manches Problem, den Geist, die Gedanken und machen so manche Lebensweisheit begreiflich, da sie der Wahrhaftigkeit den Weg ebnen können und somit zur Offenbarung verhelfen.
Meine bevorzugten Universitäten liegen deshalb auch in den Bergen, verstreut über alle Länder. Und sie finden sich darüber hinaus überall in der Natur und sind für einen jeden erreichbar.

Ein Apotheker aus dem Kanton Schwyz hat mein traditionelles Heilpflanzenwissen, das mir bis heute eine sehr brauchbare Grundlage für meine Arbeit ist, tüchtig durcheinander gewirbelt. Sein Wissen brachte mich zu der Erkenntnis, dass vor jeder pharmazeutischen Dosierung die richtige Einstellung in Form von Worten und Taten stehen muss. Eine Erkenntnis, die mir auch von Gelehrten in Indien und Nepal, und zwar sowohl von hinduistischer wie auch von buddhistischer Seite unabhängig von Zeit und Raum, bestätigt wurde und die ich an mir selber bis heute erfolgreich praktiziere.

Nicht die Dosis macht das Gift – aber unsere Gedanken, Worte und Taten!

Ein Garten zur Wieder-Heiligung für Mensch und Heilpflanze

Ich darf mich glücklich schätzen, eine weise Kräuterfrau zu kennen, die einen Garten so heiligt, dass er zum Paradies für sie, die Heilpflanzen und Sträucher geworden ist. Und die Erschaffung dieses Paradieses hat sie finanziell kaum etwas gekostet.
Firmen, egal welcher Provenienz, verschwenden selten viel Zeit zur Hege und Pflege der Schützlinge aus dem Grünen Reich von Vater Himmel und Mutter Erde. Und wer dem gängigen Schönheitsideal nicht entsprechen kann, hat kaum eine Chance auf einen Ort, an dem in Ruhe gewachsen werden darf. Krankheit und Hinfälligkeit sind auch bei Pflanzen nicht erwünscht und führen in den meisten Fällen direkt auf den Komposthaufen oder in die Grünabfuhr. Wir erteilen solchen Heilpflanzen und Sträuchern also *buchstäblich* eine Abfuhr.

Die weise Kräuterfrau rettet so viele Heilpflanzen und Sträucher wie sie nur kann. Damit sie sich vom Schock der unsanften Behandlung als Massenware erholen können, dürfen die Pflanzen sich im garteneigenen Treibhaus in ihren Plastiktöpfen zunächst erholen. Ihre geschundenen Seelen werden mit Bachblüten oder Homöopathie gestreichelt, welche ein Apotheker zur Verfügung stellt. Seine Einstellung ist im positiven Sinne bemerkenswert: Es sei immer noch besser, wenn Pflanzen kuriert würden statt Menschen. Recht hat er, der Herr Apotheker. Bereits die Beschäftigung mit den Heilpflanzen kann so manches heilen.

Zum Trinken gibt es Regenwasser und dazu liebevolle Worte des Trostes oder des Mut-Machens, und wenn die Lebenskräfte dennoch verloren gegangen sind, wird der Pflanzenkörper liebevoll in frisches Gras gehüllt und auf dem Komposthaufen zur Ruhe gebettet. Nicht selten feiert eine Pflanzenseele im nächsten Frühjahr ihre Wiederauferstehung just auf dem Komposthaufen selbst, und wird dann an anderer Stelle wieder ins Erdreich gepflanzt.

Niemals wird eine Pflanze mit Gartenscheren der herkömmlichen Art malträtiert. Die weise Kräuterfrau weiss, dass Metall den reinen Pflanzengeist, auch ***Archeus*** genannt, also die Verbindung der Heilpflanze mit Himmel und Erde, unterbindet und so die Heilkraft empfindlich stört. Zu diesem Zweck gibt es Keramikmesser auf dem Markt, welche die Bedürfnisse der Heilpflanzen respektieren.

Die weise Kräuterfrau redet selten ein Wort. Sie schweigt und hört den Pflanzen zu. Und wenn ein Schattenlieschen sich lieber von Sonnenstrahlen wärmen lassen will, darf das Schattenlieschen auch durchaus zum Sonnenlieschen werden. Ganz so, wie es seine Bedürfnisse bei der weisen Kräuterfrau angemeldet hat. Für sie sind nämlich alle Pflanzen Heilpflanzen, da in der Natur nichts Unnötiges herumsteht, wie sie es ausdrückt.
Mit Liebe, Achtsamkeit und Respekt vor der Schöpfung wird ohnedies alles wieder biologisch, sagt sie ebenfalls völlig richtig.

Eine meiner Studentinnen hilft den geschundenen Kreaturen mit dem vedischen Feuerritual ***Agnihotra*** bei der Wieder-Heiligung im Garten der weisen Kräuterfrau. So braucht der wieder-geheiligte Garten auch kaum mehr Jauche, Kompost oder Dünger – und wenn doch, dann hilft die Asche des ***Agnihotra*** weiter, die Sie vom ersten Teil her kennen.
Heilen Sie die Atmosphäre mit dem vedischen Feuer – und die Atmosphäre heilt auch Sie und Ihre gesamte Umgebung bis in eine Entfernung von ca. zehn Kilometern mit.

Während der Entstehungszeit dieses Buches erwacht ein uralter, verkümmerter Apfelbaum zu neuem Leben. Seit vielen Jahren blüht er das erste Mal wieder. Die weise Kräuterfrau hat sich von ihm ein paar Äpfel im Herbst erbeten. Und es ist sicher, dass sie die auch geschenkt bekommt. Sie erbittet nur **DAS**, was sie dem alten Apfelbaum zumuten kann und darf, um ihm nicht zu schaden.
Auch Sie bekommen DAS von der Natur zurück, was Sie ihr an Zuwendung geschenkt haben und was Sie sich von ihr erbeten!

Sie brauchen kein stolzer Besitzer eines eigenen Gartens zu sein, um den Weg zusammen mit den Heilpflanzen gehen zu können. Jedes bepflanzte Kistchen, jede Pflanze in einem Topf, jeder Dachgarten und jeder Balkon kann auf seine Weise ebenfalls zur Wieder-Heiligung beitragen. Wichtig ist dabei, dass Sie Ihr Tun mit liebevollen Gedanken, Worten und Taten begleiten wie auch mit Liebe, Achtsamkeit und Respekt vor der Schöpfung. So wird ohnedies alles wieder biologisch, hat die weise Kräuterfrau doch zu Recht gesagt. Und einer der besten Gärten ist eine bunte Wiese, die es für alle zum Nulltarif gibt und die mit den vorgängig erwähnten Eigenschaften geheiligt werden kann, wie auch zusammen mit dem ***Agnihotra***, das Sie ebenfalls bereits kennen. Wichtig ist, dass Sie nach jeder Ihrer Heiligungen drei Mal deutlich ein **SO SEI ES! SO SEI ES! SO SEI ES!** sprechen, um auf diese Weise auch diese Energien wieder in sich zu aktivieren.

Die Trinität der Drei Mal Weisen Heilpflanzen

Zentralsonne
Ursprung allen Seins

Heilpflanze

Erdmutter Gaia
Die Mitte des Erdinnern

Die Heilpflanze und Mutter Erde

Keine Heilpflanze wird von sich aus krank ebenso wenig wie die Erde. Beider Krankheiten sind Ausdruck der unsrigen. Auch das ist eine Ursache der heutigen Überschwemmungen, welche die Erde benötigt, um sich mittels ihrer Selbstheilungskräfte reinigen zu können. Sie sind zudem Ausdruck unserer Masslosigkeit im Wachstum und unseres Gegeneinander der Mitgeschöpfe. Auch aus diesem Grund sollten Menschen, welche die Erde lieben, das ***Agnihotra-Feuerritual*** in ihren Tagesablauf mit aufnehmen. Mutter Erde und Vater Himmel und alle Mitgeschöpfe werden es ihnen auf irgendeine Weise danken. Das Ritual des ***Agnihotra*** ist überall wirksam, egal ob auf Beton oder auf einer Magerwiese, da die Drei Mal Weise Stufe alle Widerstände überwinden kann.

Mutter Erde ist die beste Konservendose, welche die Welt kennt. Sie konserviert alte Kulturen, untergegangene Reiche, Städte, Dörfer, Kultstätten, heilige Haine, sie konserviert ausgestorbene Tiere, unsere Körper, später das Skelett, und sie konserviert unzählbare Samen auch von den Pflanzen und Bäumen, welche wir als ausgestorben betrachten. Sie ist ein liebevoller Hort von geschundenen Pflanzenseelen, die zur Wiederstärkung ihre Ruhe brauchen. Auch wenn ein Tier angeblich ausgestorben ist, heisst dies noch lange nicht, dass dem so ist. Meist verändert es seine Lebensgewohnheiten so, dass der Mensch mit seiner Wissenschaft den Weg zu ihm verliert, oder es hat sich mit einer anderen Gattung gepaart und lebt auf diese Weise im neu entstandenen Wesen weiter.
Wahrhaftig auszusterben ist in der Natur unbekannt. Genauso verhält es sich auch mit den konservierten Pflanzensamen.
Wird der Same einer Heilpflanze von der Erde freigegeben, verwurzelt er sich zuerst in der schützenden Hülle von Mutter Erde. Den Schritt des Frei-Gebens ermöglicht entweder der Wind oder das Wasser. Die Verwurzelung geschieht auch dann, wenn eine Pflanze sich selber fortpflanzen möchte. Ohne Mutter Erde ist kein Wachstum möglich, das gilt auch für uns Menschen.
Mutter Erde braucht keinen Dünger. Wenn Sie Ihre Pflanzen, egal wie, glauben düngen zu müssen, stimmt die Hege nicht und wird dadurch zur Pflege. Zur Düngung verlieren die Bäume im Herbst ihre Blätter und die abgestorbenen Pflanzen werden zum Dünger für Mutter Erde, sofern sie liegengelassen werden.

Die abgestorbenen Heilpflanzen bleiben Sitz der nicht zerstörbaren Pflanzenseele und ermöglichen später die Wieder-Auferstehung. Auf diese Weise wird jede angeblich einjährige Pflanze zu einer mehrjährigen. Sie bestimmt allerdings den Rhythmus dazu selber – und nicht wir Menschen. Wir lassen den Pflanzen zu wenig Zeit, um das Übel buchstäblich bei der Wurzel anzupacken. Die Natur bringt weniger der Mensch an sich durcheinander, als vielmehr seine manipulierte Zeitrechnung!

Die Wurzeln können die Erde ebenfalls heilen, genau so, wie die Erde auch die Wurzeln heilen kann. Die Seelenkräfte der Heilpflanzen sind unzerstörbar mit der Erdmutter Gaia verbunden. Wenn wir einer Heilpflanze schaden, schädigen wir sie, die Zentralsonne und somit auch uns selber. Das ist für mich der Hauptgrund, dass ich meinen Heilpflanzengarten aufgegeben habe und seine Bewohner, sollte ich sie wieder einmal benötigen, in der freien Natur suche. Ich habe zu viele Regenwürmer zerhackt, zuviel zerstört, zuviel biologisch gedüngt. Das war für mich anfangs eben nur scheinbar schön, aber den Heilpflanzen, Mutter Erde und Vater Himmel wenig dienlich, und ich wusste schon bald nicht mehr, wie ich all die Heilpflanzen verarbeiten sollte.

Heute halte ich auch nichts mehr davon, für mich persönlich Salben und Tinkturen auf Vorrat herzustellen. Wer die Schöpfung achtsam behandelt, wird nicht mehr krank; er braucht diese Mittelchen dann nicht mehr und muss auch nichts mehr wegwerfen, wenn die Salbe ranzig oder die Tinktur trübe geworden ist. Und wer wahrhaftig nachhaltig produzieren möchte, sollte als Basis das vedische Ghee verwenden. In ihm werden die benutzten Heilpflanzen unbeschränkt konserviert und so geachtet, respektiert und verehrt, wie sie es verdient haben.

Wer ganz tief in sich hineinhört, dem wird offenbart, dass Mutter Erde im selben Rhythmus atmet wie auch wir. Mutter Erde ist ein lebendiges Wesen, das ein- und ausatmet. Am besten kann man sich dies an einem frühen Morgen vor Sonnenaufgang bewusst machen. Die Vulkane entsprechen dem Ausatmen der Wale, sie entsprechen dem menschlichen Feuer und sie entsprechen auch dem heutigen Verständnis der Brennnessel, die uns so lange brennt, wie wir es gerne haben möchten. Alles ist mit Allem verbunden und findet seine Entsprechung überall wieder. Vielleicht meditieren Sie über diese Feststellung und finden Ihre eigenen Entsprechungen. *Meine eigenen Entsprechungen: Siehe Arbeitsheft.*

Die Heilpflanze und Vater Himmel

Vater Himmel ist der Gegenpol zu Mutter Erde. Alle Lebewesen wachsen ihm entgegen, so auch die Heilpflanzen. Wer spirituell weit fortgeschritten ist, wird bezeugen können, dass sich die energetische Verbindung der Heilpflanze mit dem Himmel und dem Mittelpunkt der Erdmutter Gaia wie ein Seidenfädchen erkennen lässt. Die Zentralsonne und die Erdmutter sind der Ursprung allen Seins für alle Lebewesen. Dieses Seidenfädchen ist für uns Menschen in keinem Fall zerstörbar und stellt die energetische Ebene dar, die wir Seele nennen, und ohne die nirgendwo Leben möglich ist.

Alles, was auf diesem Planeten erkennbar ist, ist beseelt – nicht nur Mensch und Tier, wie viele glauben. Die heutige Gesellschaft weiss sehr wenig über die Seelen und verletzt sie mit zu grosser Selbstverständlichkeit. Auch dies sollte künftig geändert werden.

Die Heilpflanzen haben im Unterschied zu uns Menschen die Ebene der wahrhaftigen Trinität nie verlassen. Sie sind bis heute im wahrsten Sinne des Wortes mystisch geblieben. Mystik beschäftigt sich mit dem, was „hinter der Fassade" ist und sollte niemals dazu missbraucht werden, Macht über andere auszuüben. Sie verhilft den Menschen dazu, ihre Probleme in den Griff zu bekommen. Dies ist ein ganz zentraler Unterschied, an dem sich ein wahrhaftiger Mystiker als Träger der Trinität oder jemand als ein Vertreter der Dualität, der lauen Ebene, die glücklicherweise bereits am Schwinden ist, erkennen lässt.
Vater Himmel rahmt die Sonne und die Zentralsonne mit seinen Energien ein, ohne die kein Wachstum im Zusammenhang mit Erdmutter Gaia möglich wäre. Beide gehören untrennbar zusammen und werden so zur Einheit. Vater Himmel ist Hort unzähliger Planeten und Sterne, des Mondes, der Wolken, er schickt die Blitze und den Donner, den Regen, den Schnee, den Hagel, den Wind oder den Sturm in allen Facetten. Er grollt, wenn wir Menschen unsere Pfade zu sehr verlassen haben und so unserer wahrhaftigen Bestimmung nicht mehr nachkommen, was in diesen Zeiten offensichtlich ist und was uns nur noch Probleme über Probleme beschert. Diese nämlich entstehen aus unserem Fehlverhalten, das immer den Macht-Wahn von uns Menschen als Kern zum Inhalt hat. Und Mutter Erde grollt uns ebenfalls, was die zahlreichen Überschwemmungen beweisen.

Es gibt nichts Schöneres, als an einem Waldrand auf einer Wiese zu liegen und die Wolken als Boten des Himmels zu beobachten. Sie sind ein hervorragendes Spiegelbild von uns Menschen und offenbaren so Manches, was wir bei uns anschauen sollten und korrigieren dürfen, wenn wir uns mit unserem freien Willen dazu entscheiden.

Die Natur ist die beste Universität, die beste Schule, der beste Lehrer und die beste Erziehung. Sie lehrt uns alles, was wir für unseren jetzigen Lebensweg brauchen. Sie weist uns überall den Weiter-Weg, sie schickt uns Zeichen, sie mahnt, sie unterstützt und ermöglicht uns auf diese Weise jene Lernschritte, die wir gehen sollten, damit wir unser Soll erfüllen können. Vögel können urplötzlich aufgeregt über uns im Baum zwitschern und uns raten, gen Himmel zu schauen. In meinem Fall war es ein viereckiger Regenbogen und die gesprochene Warnung eines Engels vor einem Unwetter, das wenig später tatsächlich eintraf. Ein anderes Mal erblickte ich eine Wolke, welche sich an einem Berg festklammerte und die Gestalt eines Löwen annahm, der bequem im Lehnsessel hing. Wer dann die impulsive bis aggressive Art der dortigen Bevölkerung erlebt hat, wunderte sich nicht mehr. Es war der Geist der dort lebenden Menschen. Ein anderes Mal wurde ich vom goldenen Licht des ***Grossen Erzengel Raphael*** eingehüllt. Er riet mir, ich sollte umkehren, weil er es nun regnen lassen würde. Kaum hatte ich die Türe hinter mir geschlossen, öffnete er tatsächlich die Schleusen von Vater Himmel und spendete uns sein Nass.

Wer achtsam mit offenem Herzen durch die Natur streift, braucht gar nichts, ausser auf seine innere Stimme im Einklang mit Himmel und Erde zu hören. So einfach ist das, keineswegs spektakulär und für alle Interessierten erfahr- und erlernbar. Darum geht es in diesem Buch: Die eigenen Erfahrungen machen zu dürfen mit einer Technik als Grundlage, welche sich über Epochen, Zeitalter und Kulturen hinweg immer wieder von Neuem offenbart, damit wir Menschen eine Korrektur und damit eine Richtungsänderung annehmen dürfen.

Wer sein Plan-Soll des jetzigen Lebens erfüllen durfte, und das ist auch eine Aufgabe dieses Buches, der darf sich hinlegen und in die andere Dimension hinüberschlafen. Wer nicht auf natürliche Weise im Einklang mit Himmel und Erde lebt, kann notgedrungen auch nicht auf natürliche Weise sterben. Der Körper bleibt solange beseelt, bis die Seele das nachholen konnte, was sie in unserem eigenen Interesse gebraucht hätte. Dies ist der tiefere Sinn der so genannten Demenz.

13

Die Wieder-Heiligung des Menschen mit den Goldenen und Smaragdinen Heilpflanzen

Einstimmung

Die Grundlage der kommenden Gedanken kennen Sie bereits, sie wird aber in diesem Kontext noch einmal wiedergegeben und entstammt der Offenbarung des **DREI MAL WEISEN JOHANNES**.

Alsbald kam der Geist über mich. Und siehe, ein Thron war gesetzt im Himmel, und auf dem Thron sass einer; und der da sass, war anzusehen gleichwie der Stein Jaspis und Sarder; und ein Regenbogen war um den Thron, anzusehen gleichwie ein ***Smaragd****. Und um den Thron waren vierundzwanzig Throne, und auf den Thronen sassen vierundzwanzig Älteste, mit weissen Kleidern angetan, und hatten auf ihren Häuptern* ***goldene*** *Kronen. (Offenbarung 4,2)*

Es ist der Garten der Wieder-Heiligung mit den **GOLDENEN** und **SMARAGDINEN** Heilpflanzen, die von der Autorin bereits in der Publikation aus dem Jahre 2011 erwähnt werden *(Die GOLDENEN und SMARAGDINEN Heilpflanzen – Der Urzustand der naturwissenschaftlich untermauerten Medizin als Basis für die Neue Ära der Heilkunst).*
Die Stufe der Goldenen Heilpflanzen ermöglicht uns, unsere Seelen vollständig zu heilen. Die Stufe der Smaragdinen Heilpflanzen bietet uns die Möglichkeit, das Wort Krankheit aus unserem Vokabular streichen zu können.

Die siebte Tafel des **DREI MAL WEISEN HERMES TRISMEGISTOS** lautet:
……… *So wirst du das Licht der ganzen Welt besitzen und alle Finsternis wird von dir weichen.*
Und genau diesen ***Drei Mal Weisen Weg*** dürfen wir nun zusammen gehen.

Leitgedanken

Die nachfolgend erwähnten Heilpflanzen haben sich in der Praxis bestens bewährt, sind leicht zu erlernen und in unseren Breitengraden problemlos zu finden. In allen Ländern gibt es ***Goldene und Smaragdine Heilpflanzen***, die den unsrigen ebenbürtig sind und zum selben Ziel führen können.

Zwei von ihnen tragen ihre Bestimmung bereits im Wort ***Gold***. Sie sind dann am Ziel, wenn Ihnen nach diesen beiden Goldpflanzen immer mehr ***Goldene Heilpflanzen*** offenbart werden, bis Sie die NEUNE (*Die Drei Mal* Weise), also sieben bis neun weitere Exemplare dieser Gattung (wie Sie dies handhaben möchten, bleibt Ihnen überlassen) vervollständigt haben. Dadurch erhalten Sie die Kontrolle darüber, wie weit Ihr Weg zur Heiligung bereits fortgeschritten ist. Je intensiver Sie sich mit diesem beschäftigen, desto schneller sind Sie am Ziel. Den Rhythmus dazu bestimmen Sie in jedem Fall selber. Es ist erstrebenswert, einen individuellen Rhythmus zu finden, damit Sie früher oder später bei der Zahl 14 ankommen können, welche Sie bereits von der kosmischen Zeitrechnung her kennen.

Bedenken Sie bitte auch, dass auf dieser Stufe alle Goldenen Pflanzen Heilpflanzen sein können, die Sie für sich persönlich auswählen und dass es Ihre Gedanken sind, die das Gift erzeugen. Sie können energetisch alle Pflanzen mit den Farben Gold und Smaragd einsetzen, die Ihnen zusagen, weil es, wie vorher bereits angekündigt, auf dieser Ebene kein ***giftig*** mehr gibt. Keine Heilpflanze ist von sich aus giftig oder hat die Aufgabe, uns Menschen zu schaden oder uns gar zu töten. Diese absurde Welt haben wir Menschen uns selber erschaffen, und sie ist losgelöst von Himmel und Erde. Es ist **DIE** Welt, welche Sie mit Unterstützung dieses Buches verlassen können; dieses Verlassen lohnt sich für Sie auch, weil Sie niemandem schaden können und somit auch keine Repressalien von Mitgeschöpfen zu befürchten haben.

Beide Stufen der ***Goldenen und Smaragdinen Heilpflanzen*** ergeben zusammen die Zahl 14. Ohne diese Übereinstimmung ist keine wahrhaftige Rückkehr in den Schoss von Mutter Erde und zu Vater Himmel möglich, weil Sie dadurch die kosmische Zeitrechnung berücksichtigen und Ihre Energiebahnen wieder im Einklang mit dem Kosmos fliessen lassen.

Sie werden auf jeden Fall staunen, wie viele weitere Krankheiten bereits auf der Stufe der Goldenen Heilpflanzen aus Ihrem Leben verschwinden werden.

Die hier gewählten Farben sind eine Vorstufe zur reinen Farbe Gold und haben sich in der Praxis bestens bewährt. Sowohl Gelb wie auch Gelb in Gold holt die allermeisten Menschen dort ab, wo sie sich befinden und ermöglicht eine lückenlose Weiterentwicklung.
Alle Heilpflanzen werden in ihrer vollständigen Trinität wiedergegeben, d.h. konkret aus der Sichtweise der noch gültigen, heutigen Naturwissenschaften über die emotionale Ebene, die den heutigen Menschen auch als Ba(u)ch-Blüten oder Homöopathie geläufiger ist, bis zur universellen Seelenebene, die den wissenschaftlichen Namen **BIOENERGETHIK** tragen darf. Sie wurde im Ersten Teil ausführlicher beschrieben.

Wortritual zur Einstimmung

*Ich bitte **EUCH** um **EURE** Gnade, damit Heilung werde mir zuteil,*
Führt mich in den Schoss des Kosmos, damit wir Menschen werden heil.

*Ich bitte **EUCH** um **EURE** Gnade, damit Heilung werde mir zuteil,*
Führt mich in das Rad des Kosmos, so meine Wunden werden heil.

*Ich bitte **EUCH** um **EURE** Gnade, damit gescheh, was **IHR** nun wollt,*
Führt mich in das Reich der Stille, der Kraft, die mir nun helfen soll.

SO SEI ES! SO SEI ES! SO SEI ES!

Die Goldenen Heilpflanzen in ihrer vollständigen Trinität

Der Huflattich (Tussilago farfara, L.) und das Chakra links auf der Schulter

Wächst an steinigen Wegrändern, Böschungen, auf Äckern und Schuttplätzen in Europa, Nordasien und Nordamerika. Blütezeit: März/April.

Kaum hat die Frühlingssonne den Schnee schmelzen lassen, steht der Huflattich bereits in voller Pracht da. Er gehört zu *den* Pflanzen, die zuerst die Blüte entwickeln und nach dem Verblühen die Blätter. Das Bild zeigt ihn im Stadium des Verblühens und der Versamung. Er ist ein Beweis dafür, dass auch die Heilpflanzen genau so vielfältig sein können wie wir Menschen, auch und vor allem, weil die Natur selbst gar keine allgemein gültigen Regeln kennt. Die einen erblühen vor der Entwicklung der Blätter und die anderen entwickeln zuerst die grundständigen Blätter, dann den Stängel, um zuerst zu erblühen. Zum Wachsen lässt sich der Huflattich vom Schnee einhüllen, der ihm zu trinken gewährt und so sein Erblühen erst ermöglicht.

Das lateinische Wort ***Tussis*** bedeutet Husten, von dem sich das französische Wort ***tousser*** ableitet, was ebenfalls husten heisst. ***Farfara*** ist nicht genau definierbar, aber Teil des lateinischen Wortes ***farina***, was Mehl heisst – dies als Anlehnung auf die mehlartige Unterseite des Blattes. Das deutsche Wort ***Huf*** weist auf die hufförmigen Blätter, und Lattich wird abgeleitet vom Lateinischen ***lactuca***, was Milchsaft heisst in Anlehnung an den milchartigen Saft des Lattich.
Der Kürzel L. weist auf die botanische Zuordnung des schwedischen Naturforschers Carl Nilsson Linnaeus hin, der später in den Adelsstand erhoben wurde und sich fortan Carl von Linné nennen durfte.
Der Huflattich ist eine seit Jahrhunderten bekannte und geschätzte Heilpflanze, die von Südfinnland bis in unsere Breitengrade gewandert ist.

Die ***Ein Mal Weise Dimension*** setzt den Huflattich als wirksames Heilmittel für Husten der verschiedensten Arten ein. Weiter bei Erkrankungen der in diesem Zusammenhang involvierten Organe wie Bronchien, Lunge oder Luftröhre (z. B. bei Reizhusten, Heiserkeit, chronischem Lungenleiden),

zudem bei Magen-Darmreizungen und Schuppen auf der Kopfhaut.
Dem Huflattich werden in der traditionellen Phytotherapie folgende Inhaltsstoffe zugeschrieben: **Schleimstoffe, Gerbstoffe, Bitterstoffe, Inulin, Schwefel, Silicium, Polysaccharide, Flavonoide, ätherisches Öl, Vitamin C und Pyrrolizidinalkaloide**. Letztere schaden uns dann, wenn wir daran glauben.

In der ***Zwei Mal Weisen Dimension*** der Bachblüten oder auch der Homöopathie spiegelt die Blüte des Huflattichs die Sonne mit ihren Strahlen wider.
Die Farbe Gelb weist auf das Wiedererscheinen des Lichtes im Frühling hin. Der Huflattich kann auch Licht in Ihre Psyche bringen und so die Finsternis Ihrer Betrübnis weichen lassen, wenn Sie zu den traurigen, antriebslosen Menschen meinen gehören zu müssen.
Er hilft überall dort, wo ein Organ schwächelt, wo ein Zuwenig an Kraft vorhanden ist, was bei allen erkrankten Stellen in unserem Körper stets der Fall ist. Und er ist ein ganz hervorragender Impulsgeber zur Wieder-

Erstarkung der Selbstheilungskräfte im Frühjahr.
Die ***Drei Mal Weise Dimension*** weist dem Huflattich das Chakra links auf Ihrer Schulter zu und erneuert in seinem Umfeld alle Zellen und Poren, damit Sie dort schon gar nicht mehr erkranken müssen.
Freuen wir uns also zusammen auf den nächsten Frühling, wenn der Huflattich den Goldenen Reigen im Grünen Reich der Erdmutter Gaia wieder eröffnen wird.

Meine eigenen Erfahrungen mit dem Huflattich und meinem ersten Chakra links auf der Schulter: Siehe Arbeitsheft.

13 Der Löwenzahn (Taraxacum officinalis, L.) und das Chakra rechts auf der Schulter

Wächst auf Fettwiesen, Weiden, in Gärten und Parkanlagen in fast ganz Europa und Westasien. Löwenzahn ist stickstoffliebend. Darum weisen Löwenzahnwiesen immer auf Überdüngung hin. Blütezeit: April/Mai.

Unsere nächste Heilpflanze ist für viele ein lästiges Unkraut, oder liebevoller ausgedrückt ein Bei-Kraut, das offenbar nach dieser Sichtweise ganz beiläufig dort wächst, wo es besser nicht wachsen sollte. In vielen Fällen findet sich dieses wertvolle Bei-Kraut vor unserer Haustüre und ist für alle zum Nulltarif erreichbar. Es wächst mittlerweile in fast allen Ländern Europas und strahlt mit der Sonne um die Wette. Regen und Kälte behagen ihm nicht besonders, und so begibt sich das Bei-Kraut in eine kurzzeitige Ruhephase, um nach dem Wiedererstrahlen der Sonne am Himmel seine Blüten erneut zu öffnen. Jedes Flecklein Erde genügt ihm, um seine gelbe Pracht zu entfalten, da es sehr anspruchslos geworden ist, was ihm seine weite Verbreitung erst ermöglicht hat. Die Bienen lieben seinen Nektar, und auch wir kennen den Honig dieses Bei-Krautes, das in Tat und Wahrheit eine sehr wertvolle Heilpflanze war und ist, bis in die Apotheke der Antike zurückreicht und wahrscheinlich auch bereits vorher in unserem Bewusstsein seinen Platz einnehmen durfte. Viele Menschen sehen ihn ihm den kleineren Bruder der Sonnenblume.

Seine Vielseitigkeit beweist der Löwenzahn auch mit seinen grünen Blättern. Keines passt auf das andere und doch gehören sie untrennbar und für alle erkennbar zusammen. Unser Bei-Kraut nennt sich Löwenzahn oder ***Taraxacum officinalis***.
Das lateinische ***Taraxacum*** hat seine Wurzel in der altgriechischen Sprache und heisst dort ***taraxé***, was übersetzt soviel wie Unordnung, Chaos, Nicht-in-Ordnung-zu-Bringen bedeutet. Ob die alten Griechen damit die Unordnung der grünen Blätter gemeint haben?

Officinalis entstammt dem Lateinischen und bedeutet im Zusammenhang mit den Heilpflanzen im gültigen internationalen Standard immer, dass diese in den Offizien zu erhalten sind. Damit sind die antiken Apotheken, Drogerien oder auch ein Labor gemeint, welche sich bis zum heutigen Tag zumindest teilweise immer noch dem Heilen mit Pflanzen widmen: Sicher werden im Laufe der Zeit wieder viele mehr hinzukommen, da sich die Menschheit ihren Wurzeln nähert, um dann daraus eine erneuerte Gesellschaft zu begründen. Das lateinische Wort ***officinale*** lebt bis zum heutigen Tag im Italienischen weiter, in ***officina***, was Werkstatt bedeutet. Die deutsche Übersetzung zu Löwenzahn ist ziemlich weit hergeholt, da Löwen andere Zähne in ihrem Gebiss vorweisen.

Wir öffnen nun unsere ***Drei Mal Weisen Heilpflanzenwerkstatt*** und erfahren Folgendes:
Die ***Ein Mal Weise*** Dimension gesteht dem Löwenzahn Unterstützung bei Leber- und Gallenbeschwerden zu. Weiter bei Appetitlosigkeit, Verdauungsbeschwerden und Erkrankung der Bauchspeicheldrüse oder der Milz. Sie wird auch erfolgreich bei Rheumatismus und Gicht als ausleitende und somit auch entgiftende Heilpflanze eingesetzt. Zusätzlich bei Hämorrhoiden, Blasen- und Nierensteinen und bei Arthrose und Fieber.

Diese Dimension kennt folgende Wirkstoffe: **Sesquiterpene, Triterpene, Steroide, Inulin, Schleimstoffe, Flavonoide, Bitterstoffe und Phytosterine und Cholin.**

Die ***Zwei Mal Weise Dimension*** macht sich ebenfalls die Farbe gelb zu Nutze und hilft, dass in unseren Herzen die Sonne oder das Licht Einzug nehmen können. Die Unordnung des Wortes ***Taraxacum*** ordnet den Löwenzahn Menschen zu, die geistig und seelisch erstarrt sind. Sie halten an ihren Lebensgewohnheiten fest, wollen nichts loslassen und etwas Neues in ihr Leben aufnehmen. Sie leben auch hauptsächlich in der Vergangenheit und erwähnen immer wieder: „Früher war dies und das besser" oder auch: „Früher hat man das auch so gemacht." In der näheren Umgebung von Wiesen, die eine übermässige Zahl an Löwenzahn beherbergen, finden sich immer rückwärts denkende und Menschen.

Zeig mir Deine Umgebung und ich sage Dir, wer Du bist und welche Lernschritte Du machst!

Die ***Drei Mal Weise Dimension*** stärkt den gesamten Körper im Bereich des zweiten Chakras rechts auf der Schulter und erneuert an dieser Stelle den Organismus. Falsch machen können Sie damit gar nichts. Es kommt auf Ihre Geduld und Beharrlichkeit an. Dies ist eine viel bessere Alternative, als sich mit Krankheiten zu beschäftigen.

Irgendwo habe ich folgenden Satz gelesen: „*Wenn Sie keine Geduld für Ihre Gesundheit haben, haben Sie sie später für Ihre Krankheit.*“ *Und für unsere Wieder-Heiligung haben wir alle Zeit der Welt!*

Meine eigenen Erfahrungen mit dem Löwenzahn und meinem zweiten Chakra rechts auf meiner Schulter: Siehe Arbeitsheft.

3

Die Wiesenschlüsselblume (Primula veris, L.) und das Chakra links unter dem Arm

Wächst auf feuchten, ungedüngten Wiesen, in Auwäldern und krautreichen Laubwäldern in fast ganz Europa. Blütezeit: März bis Mai.

Unsere Schlüsselblume symbolisiert mit ihren Blüten den Schlüssel zum Tor des Wieder-Erwachens für Mensch und Tier. Sie ist ebenfalls ein Toröffner zum Himmel und kann uns persönliche, neue Erkenntnisse verschaffen. Übrigens soll sie ihren Platz auf der Erde nur deshalb gefunden haben, weil der Erzengel Raphael, der Grosse Erzengel der Heilenden und Hilfesuchenden, seinen Schlüssel versehentlich zur Erde fallen liess. Dort blieb der Himmelsschlüssel liegen, bis er von einem Hirten gefunden wurde. Da dieser seinen Blick vom gelben Farbtupfer nicht mehr lösen konnte, offenbarte ihm der Schlüssel seine Aufgabe auf unserem Planeten, die er bis heute liebevoll für uns erfüllt. Wie alle Frühlingsblumen liebt die Schlüsselblume die Sonne ganz besonders, die der Blume ihre Kraft zur Entfaltung spendet und deren Farbe sie auch reflektiert.

Es lohnt sich, die Blüte der Echten Wiesenschlüsselblume genau zu betrachten. Sie ist gelb und gold und weist uns den Weg zu den ***Drei Mal Weisen Goldenen Heilpflanzen***, die unsere Seelen vollständig heilen können, damit wir unser Leiden auf dem Planeten hinter uns lassen dürfen. Die Folge davon wird sein, dass Sie von innen heraus ein Leuchten mit sich tragen dürfen, das Ihnen und auch Ihren Mitgeschöpfen gut tut.

Der lateinische Name ***Primula veris*** lässt sich auf folgende Weise nachvollziehen. Im Wort ***Primula*** verbirgt sich der ***Primus*** oder „***der Erste***" und ***veris*** ist eine Wandlung des Lateinischen Wortes ***ver***, was „***der Frühling***" heisst. Die Schlüsselblume ist also in dieser Sichtweise eine der ersten Pflanzen des Frühlings, was zweifelsfrei bis heute stimmt.
Es gilt zu berücksichtigen, dass wir künftig drei Jahreszeiten haben werden, wenn die Zeitrechnung nicht mehr manipuliert wird. Die heutigen Temperaturschwankungen weisen bereits darauf hin, dass sich die Erde neu einpendelt.

Die ***Ein Mal Weise*** Dimension setzt unsere Primel sowohl bei Stirn- und Nebenhöhlenentzündungen, als auch im Zusammenhang mit den Bronchien ein. Unterstützung bietet sie zudem bei Gicht und Rheuma, da sie Ablagerungen in den Gelenken ausschwemmen kann, und auch bei Schlafstörungen und Migräne wird sie verwendet.

Die traditionelle Sichtweise kennt folgende Inhaltsstoffe: Triterpensaponine in den Kelchblättern, Flavonoide, Rutin, Saponine, Kampferol. Es gilt anzumerken, dass laufend neue Erkenntnisse dazukommen. Jede Pflanze hat auf dieser Ebene stets mehrere Inhaltsstoffe und nicht nur einen.

Die ***Zwei Mal Weise Dimension*** macht sich die Farbe gelb zu Nutze und setzt die Schlüsselblume bei Melancholie, Depressionen, Antriebsschwäche und auch nervösen Herzschmerzen ein, da sie generell beruhigend auf die Psyche wirkt.

Die ***Drei Mal Weise Dimension*** ordnet die Schlüsselblume dem dritten Chakra unter dem linken Arm zu, wo sie den Energiehaushalt dieser Region in die kosmische Ordnung zurückführt.

Meine eigenen Erfahrungen mit der Schlüsselblume und meinem dritten Chakra: Siehe Arbeitsheft.

3

Die grossblütige Königskerze (Verbascum densiflorum, L.) und das Chakra rechts unter dem Arm

Wächst auf basischen, steinigen Böden, wie z. B. Steinbrüchen, Bahndämmen oder Schuttplätzen, an sonnigen Mauern und Plätzen oder im eigenen Garten und blüht von ***Juli bis August*** *in Süd- und Mitteleuropa.*

Auch diese Heilpflanze begleitet uns bereits seit Jahrtausenden und lässt sich bis in die vorchristliche Zeit zurückverfolgen. Sie ist auch für unsere heutigen Bedürfnisse eine wahrhaftig überlebensnotwendige Begleiterin, die uns im Notfall Nahrung beschaffen kann. Lassen Sie die Samen der Königskerze in einen Fischteich fallen und Sie können die Fische nach einiger Zeit auch ohne Angel aus dem Teich fischen. Die Samen der grossblütigen Königskerze lähmen nämlich deren Nerven. Aus diesem Grund sollten Samen der Königskerze in jedem Notvorrat ihren Platz erhalten, da in Zeiten wie den heutigen Vorsorge durchaus ihren Platz haben darf.
Diesen Tipp verdanke ich einem Halbblut, das sich in völlige Abgeschiedenheit in einen kanadischen Wald zurückgezogen hat, dort im Einklang mit der Schöpfung auf genau diese Weise lebt und vor allem kerngesund und glücklich ist, was viele von uns zur Zeit wohl kaum von sich sagen können.

Wer den Weg der Wieder-Heiligung erfolgreich gegangen ist, wird erfahren dürfen, dass wir weder Gemüse, noch Früchte, noch Beeren, noch Heilpflanzen anbauen müssen, und uns die Natur alles gibt, was wir für ein gesundes und glückliches Leben brauchen. Und dies zum monetären Nulltarif! Dafür sollten wir diese Geschenke aber mit einer Bitte annehmen und dankbar sein.
Jede erfolgreiche Wieder-Heiligung von uns Menschen mit den Tieren, den Heilpflanzen und den Heilbäumen erfolgt genau in den drei oben beschriebenen Schritten. So erfüllen wir die Vorgabe der wissenschaftlichen Trinität und der alchimistischen ***Tria Principia***.

Das Wort ***Al chimia*** stammt übrigens aus dem alten Ägypten und bedeutete dort ***Schwarze Erde***. Es ist *diejenige* Erde, die an dieser Stelle am fruchtbarsten war und bis heute ist. Damit ist der grüne Gürtel entlang des Nils und nicht die so genannte „ägyptischen Erde" gemeint, welche bereits die alten Pharaonen als Kosmetikum benutzten, und die ihren Stellenwert in der Kosmetikindustrie bis heute beibehalten konnte.

Da sich in der Schreibweise eines Menschen bis heute sehr viel offenbaren kann, unterscheiden sich auch die Alch-i-misten durch einen einzigen Buchstaben von den Alch-e-misten. Nennt sich jemand Alch-i-mist, hat er die reinste Form der Quinta Essentia – die Absicht der Schöpfung, die dahinter steckt – erreichen können. Sie ist die reinste, ***Drei Mal Weise Dimension der Alchimie***.

Ein Alch-e-mist hingegen versteht unter ***Quinta Essentia*** eine Urtinktur, was der ***Zwei Mal Weisen Ebene*** entspricht und in der ***Zwei Mal Weisen*** Homöopathie als Begriff verwendet wird. Eine Urtinktur ist eine alkoholische Extraktion, bei der die Wirkstoffe einer Heilpflanze durch den Alkohol aufgenommen und für eine gewisse Dauer konserviert wird.

Das Wort ***Quinta Essentia*** entstammt dem Lateinischen und lässt sich philosophisch als das ***Fünfte Seiende*** übersetzen, was auch als das ***Wesentliche*** gedeutet wird.

Die heutige ***Chemie*** als Nachfolgerin der ***Al-chemie*** wurde genau wie die Medizin zur ***Ein Mal Weisen Stufe*** degradiert und verdient Besseres als die heutigen Erkenntnisse. Auch ihr darf dieses Buch dienen, damit die dort arbeitenden Menschen den Weg der Wieder-Heiligung gehen dürfen – denn die Schöpfung urteilt nicht, sie verurteilt auch nicht und sie schliesst niemanden aus, sofern er sich nicht mit seinem freien Willen selber zum Ausschluss entschieden hat.

Kehren wir zu unserer Königin, der grossblütigen Königskerze, zurück. Der „König" in ihrem Namen verrät uns, dass wir hier bereits das erste Mal mit der Stufe der Goldenen Heilpflanze in Berührung kommen. Ein König entspricht bis heute der ***Goldenen***, ein Kaiser der ***Smaragdinen Ebene.*** Unsere Königskerze diente tatsächlich während vieler Jahrhunderte als Fackel in den europäischen Königshäusern. Sie wurde in Teer getunkt, dieser wurde getrocknet, angezündet und als Lichtspender genutzt. So hat sie ihren deutschen Namen sicherlich verdient.

Der lateinische Name ***Verbascum*** leitet sich vom Wort ***barba***, der Bart, ab und nimmt Bezug auf die haarigen Blätter. ***Densiflorium*** heisst „vielblütig", was bei der Königskerze ebenfalls sicher stimmt. Auch die Blüten sind übrigens fein behaart – das kann bei einer geröteten und gereizten Luftröhre jeden Husten verschlimmern. Darum ist es sicher von Nutzen, vor dem Trinken eines Tees aus den Blüten unserer Königskerze diesen durch einen Kaffeefilter fliessen zu lassen.

Mit dieser Feststellung sind wir bei der ***Ein Mal Weisen*** Dimension der Königskerze angelangt, welche ihre Heilung bei Erkrankungen im Hals- und Rachenbereich schenkt. Dies können folgende Krankheiten sein: Bronchitis, Asthma, Laryngitis (Kehlkopfentzündung), Heiserkeit, Mittelohrentzündung, juckende Hautausschläge, Brandwunden, Juckreiz in der Analgegend, Hämorrhoiden. Weiters hilft sie bei Durchfall, Magenkrämpfen, Schwellungen, Augenentzündungen, Wunden und Geschwüren.

Die heutige Pharmakologie schreibt ihr folgende Wirkstoffe zu: Triterpensaponine, Flavonoide, Hesperidin, Monosacharide und Schleimstoffe, welche die Krankheiten ausleiten können.

Die ***Zwei Mal Weise Dimension*** nimmt Bezug auf die Gestalt einer Königskerze, welche unserem Rückgrat ähnlich sieht. Demzufolge gibt sie mutlosen, schwächelnden Menschen neue Kraft, den Anforderungen des Lebens wieder oder besser gerecht werden zu können. Wirksame Unterstützung bietet sie auch im Falle von Burn-out und bei Menschen, welche jeder Konfrontation aus dem Weg gehen, alle Sorgen und Probleme herunterschlucken, immer lieb oder zu lieb zu anderen sind und sich selbst dabei vergessen.

Die ***Drei Mal Weise Dimension*** stärkt das vierte Chakra links unter dem Arm und erneuert dort Ihren gesamten Organismus vom Kern bis zur Aussenhaut. Wie bei allen Pflanzen gilt, dass Sie auf dieser Ebene gar nichts mehr falsch machen können. Sie dürfen einfach nachspüren, wie es Ihnen dabei geht, Ihre ganz persönlichen Lernschritte zu machen und Heilung in allen Bereichen dieses Chakras erfahren. Auf diese Weise gleiten Sie immer mehr ins Zeitalter des Wassermannes hinein und können die noch herrschenden Zustände mit all Ihren Problemen hinter sich lassen.

Meine persönlichen Erfahrungen mit der Königskerze und meinem vierten Chakra rechts unter dem Arm: Siehe Arbeitsheft.

Das Johanniskraut (Hypericum perforatum, L.) und das Chakra des Solarplexus

*Wächst an trockenen, warmen Weg- und Waldrändern, Gebüschsäumen, auf lichten Waldwiesen und Brachflächen in fast ganz Europa und Westasien. Blüht von **Juni bis August**.*

Das Johanniskraut gilt in der traditionellen Sichtweise als symbolischer Inbegriff der Sommersonnenwende und sollte nach dieser Auffassung am jeweiligen Tag des Jahres geerntet werden. Auch ihm genügt eine Ritze zwischen zwei Steinen, um zu wachsen und zu gedeihen. Wenn allerdings der Platz für die Verwurzelung eng begrenzt wird, bleibt es meist von kleinerer Statur und macht sich dafür die Kräfte des felsigen Untergrundes zu Nutze, da dieser Wärme speichert, das Wasser abfliessen lässt und mineralische Kräfte spendet. Solche Standorte liegen meistens in der voralpinen oder alpinen Zone und sind bekanntlich der Sonne näher als das Flachland. Je höher über dem Meer eine Heilpflanze wächst, desto mehr verkürzt sich der Vegetationszyklus, was die Heilpflanze mit einem Mehr an Seelenenergie im Einklang mit der Erdmutter Gaia und der Zentralsonne ausgleichen kann. Darum sind die alpinen Heilpflanzen dort sehr angebracht, wo es um die Heilung von so genannten unheilbaren Krankheiten geht, die meist eine tiefe seelische Ursache haben.

Das Johanniskraut ist weltweit in ca. 400 Arten anzutreffen; es ist eine anspruchslose Pflanze, was eine gute Voraussetzung für eine Wanderung rund um den Globus ist. Halten wir die Blüte gegen das Licht, erblicken wir kleine dunkle Punkte, durch die das ätherische Öl entweichen kann. Es färbt eine Tinktur oder einen Ölauszug rot, dessen Wirkung später vertiefend erklärt wird.
In der traditionellen Sichtweise reagiert die Haut nach der Einnahme von Johanniskrautblüten bei Sonneneinstrahlung angeblich mit Brandblasen. Sie dürfen das gerne glauben, wenn Sie möchten. In meinem ganzen Leben ist mir noch niemand begegnet, der dies von der Praxis her bestätigen konnte. Das bezeugt aber einmal mehr, wie viele Menschen sich als Kenner der Heilpflanzen wähnen und ziemlich blauäugig und leichtgläubig das weitergeben, was sie gelernt haben. Diese Feststellung trifft auch die akademische Ebene zu, wo bei vielen ehemaligen Studenten immer wieder der Satz zu hören ist: *Das habe ich an der Universität so nicht gelernt*. Ist das an Universitäten Gelernte sakrosankt und muss es ein persönliches Weiter- und Umdenken ausschliessen? Hätten nicht gerade solche Menschen ein sehr gutes Fundament, um ein neues Haus fertig zu bauen?

Auch in der Szene der heutigen Spiritualität läuft so einiges falsch. Sobald jemand eine persönliche Erfahrung gemacht hat, meint er, ein Buch schreiben zu müssen. Ich erhalte immer wieder die Bestätigung aus dem Buchhandel, dass etwa 98 % der Bücher abgeschrieben, anders zusammengesetzt und anders formuliert werden. Darum: Studieren Sie vor dem Kauf die Quellenangaben einer Publikation und Sie können daraus entnehmen, wie viel Neues Sie in Ihrem gekauften Buch lernen können. Und auch die Dicke einer Publikation verrät so manches über den Inhalt: Je dicker das Buch, desto orientierungsloser ist oftmals sein Autor, weil er den Kern seiner Aussage nicht verstanden hat und um den Brei herum redet.

Der Leser kann auch nicht nachvollziehen, wie der Inhalt solcher Bücher zustande gekommen ist. Dafür werden ihm leere Behauptungen und Worthülsen zu Hauf präsentiert. Ich nenne solches Tun „Boulevard-Spiritualität". Auch in der Boulevardpresse werden Seiten mit Nachrichten vollgeschrieben, ohne dass Sie eine Bestätigung über die Tatsächlichkeit erfahren können.
Darum glauben Sie nichts, was Sie nicht bis in jedes Detail nachvollziehen können, und was nicht in klarer, einfacher Sprache wiedergegeben wird. Auf diese Weise erhalten Sie ein Gefühl der Logik und schliesslich für das Wiedererlangen des Urvertrauens in die Weisheit der Schöpfung, dass **ALLES** zu Ihrem Besten geschieht. Streichen Sie Worte wie Fehler, Sünde, Schwäche oder Stärke, gut oder böse, giftig oder nicht-giftig aus Ihrem Vokabular und ersetzen Sie diese schlicht und einfach durch individuelle Lernschritte im Einklang mit Himmel und Erde. Nun kennen Sie auch den Hintergrund der wahrhaftigen Aufgabe der Heilpflanzen, nämlich genau auf diesem Weg unsere Seelen so zu heilen, dass wir unsere Würde zur Selbstbestimmung im Einklang mit Himmel und Erde wieder erreichen dürfen. Das ist **DIE** zentrale Aufgabe dieses Buches!

Wie Sie hat auch das Johanniskraut das Beste verdient, weil uns diese Heilpflanze seit Jahrtausenden begleitet und so manche Irrungen und Wirrungen von uns Menschen geduldig mitgemacht hat und immer noch mitmacht. Aus dieser Feststellung heraus erhalten Sie den Beweis, dass die Heilpflanzen uns glücklicherweise nicht in unserem Sinn in gut und schlecht einteilen. Werden ihnen die Belastungen durch uns zuviel, lassen sie sich in den Schoss der Erdmutter Gaia fallen und erholen sich ausserhalb unserer Reichweite so lange, bis die Seelenenergie die Stärke gewonnen hat, die ein Wiedererwachen und somit auch ein Wiederwachsen ermöglicht. Einer Heilpflanze ist es egal, was Sie von ihr denken und es ist ihr ebenfalls egal, wie Sie Ihre Erkrankung benennen. Beides erkennt sie glücklicherweise zu ihrem Selbstschutz nicht, was ihr das Fortbestehen auf diesem Planeten erleichtert und das Band zwischen uns und ihr nicht gänzlich einreissen lässt.

Der botanische Name des Johanniskrauts setzt sich aus dem Griechischen und Lateinischen zusammen. ***Hypericum*** kommt vom griechischen Wort ***hypér***, was soviel wie übermässig, überdurchschnittlich oder auch unmässig bedeutet. Aus dem Lateinischen entstammt der zweite Teil des Pflanzennamens. ***Perforatum*** heisst gelocht oder durchlöchert, was die sonnengelben Blüten auch beweisen können. So geschieht Nachweisbarkeit, was jeweils ein sehr nachhaltiges Echo bei den Mitmenschen mit sich bringt, da das menschliche Gefühl des Logischen, der Wahrheit oder auch der Ehrlichkeit berührt wird und auf diese Weise Überzeugung schaffen kann.

Die **Einmal Weise Ebene** anerkennt die Wirkung des Johanniskrauts bei Depressionen aller Arten, wie z. B. Depressionen im Wochenbett, in den Wechseljahren, nach Verlust eines geliebten Menschen oder eines geliebten Tieres, bei Winterdepressionen, Prüfungsangst, Lampenfieber bei Künstlern, Schlaflosigkeit bedingt durch blank liegende Nerven, bei Überanstrengungen im beruflichen Umfeld wie auch beim Sport und vor allem auch bei psychosomatischen Störungen des Magen-Darmtraktes, wie Morbus Crohn. Dann zur Blutreinigung, bei Verletzungen von Haut und Genitalien, zum Beispiel nach einem Dammriss bei einer Geburt und bei Hämorrhoiden. Bei Verletzungen von Augen, Zunge, Lippen, des Zahnfleisches, zur Narbenheilung im Allgemeinen, bei Bissen von Tieren und Insekten auch zur Desinfektion und zur Verbesserung einer Wundheilung oder auch beim Brennen nach unfreiwilligem Kontakt mit der Brennnessel. Weiter bei Traumatisierungen nach Unfällen, bei Unwettern, nach Streitereien, nach kriegerischen Handlungen und auch bei Brandwunden, Ischias oder Hexenschuss.

Auch auf dieser Ebene beweist das Johanniskraut seine Überdurchschnittlichkeit in Sachen Heilungsmöglichkeiten.

Die Inhaltsstoffe des Hypericums sind folgende: Flavonoide, Bitterstoffe, Gerbstoffe, ätherisches Öl, Sesquiterpene, Xanthone und Acylphloroglucinole.

Die ***Zwei Mal Weise Ebene*** lenkt den Fokus auf die gelbe Farbe der Blüte und das Rot des ätherischen Öles in der Blüte.

Mit Rot assoziieren wir Feuer, Glut, Energie, Macht, Kraft, Wut, Kampf oder auch Zerstörung. Rot ist eine Signalfarbe, die uns in der Sprache der Natur eine Aufforderung zur Umkehr oder zur seelischen Einkehr zeigt. Diese Farbe ist ein Appell, unser Leben in eine andere Richtung zu lenken. Wenn Sie in Ihrer Umgebung oder auf einem Spaziergang viele rotblütige Pflanzen wahrnehmen, wäre es sicher dienlich, sich in einen meditativen Zustand zu begeben und auf die innere Stimme im Einklang mit Himmel und Erde zu hören. Kommen wir der Aufforderung der Vertreter aus dem grünen Reich von Mutter Erde nicht nach, können wir Krankheiten der verschiedensten Arten einladen, in unserem Körper Platz zu nehmen. Rot ist auch Sinnbild des Blutes und bietet darum wertvolle Unterstützung bei Blutarmut oder zur Blutreinigung. Die Farbe Rot kann Altes zerstören, um dem Lichtvollen neuen Platz zu machen.

Die Farbe Gelb ist *die* Farbe, welche dem Licht am Nächsten kommt. Sie erfreut unsere Sinne, das Auge und sie ist eine wunderbare Herzöffnerin. Darum sind gelbe Blüten auch wertvolle energetische Begleiter nach einem Herzinfarkt, bei nervösen Herzbeschwerden, bei Hartherzigkeit, bei Sturheit, bei festgefahrenen Menschen wie auch bei Leber und Gallebeschwerden, deren Verdauungssäfte ebenfalls gelb sind. Leberkranke Menschen sind unbeherrscht und impulsiv, ertragen keine Kritik, sind rechthaberisch und haben einen engen Tunnelblick, der sie nur das wahrnehmen lässt, was sie wollen und nicht das, was ist. Auch ihnen kann das Johanniskraut auf dieser Ebene sehr gut helfen, indem es lichtvolle Energien in einen Körper einfliessen lässt.
Beide Farben zusammen bilden bezüglich der Heilungschancen und -möglichkeiten eine überdurchschnittliche Symbiose, was wir auch als hochbegabt umschreiben können. Wer zudem weiss, dass sich im Magen-Darmtrakt so ziemlich alles Unverdaute der Seele einnistet, wird feststellen können, dass wir mit dem Johanniskraut auch auf der nächsten Ebene sehr gut bedient werden.

Die ***Drei Mal Weise Ebene*** weist dem Johanniskraut nämlich das fünfte Chakra etwa zwei Zentimeter oberhalb des Bauchnabels zu, wo es den gesamten Organismus in diesem Bereich erneuert. Es ist *das* Chakra, welches im Zeitalter des Fisches als Solar Plexus Bekanntheit erlangen durfte. ***Solar*** hat mit dem lateinischen Wort für Sonne zu tun, ***Plexus*** stammt aus dem Griechischen und wird in der Medizin als Geflecht von Nerven und Blutgefässen bezeichnet.

Dieses Chakra war die Mitte der Menschen im Zeitalter des Fisches. Darum: Alles, was wir an seelischen Belastungen aus der Vergangenheit mit uns herum schleppen, kann mit Hilfe dieses Chakras und den Energien des Johanniskrauts über die Nieren ausgeschieden werden. Manche von uns tragen ganze Mülldeponien mit sich, jammern ständig, haben überall Feind- und kaum Freundesbilder und sind im Alter verbittert und vergrämt. Damit Ihnen dies hoffentlich erspart bleibt, lohnt sich die intensive Beschäftigung mit diesem Chakra und dem Johanniskraut auf jeden Fall. Aus der Praxis ist auch hinzuzufügen, dass sich eine wirkungsvolle Beschäftigung in einer Grünfärbung des Urins manifestieren kann. Wir sind also dabei, unsere seelische Gift- und Gallespuckerei in sanftere Bahnen zu lenken, was jedem von uns gut tut und der gesamten Umgebung ohnedies. Es gibt kaum einen Menschen auf dem Globus, der in dieser Körpergegend keine seelischen Energiestörungen aufzuweisen hat. Sie sind auf jeden Fall voll dabei!

Wer auf die bioenergethische Weise seinen gesamten Organismus in diesem Bereich erneuert hat, nimmt sein weiteres Leben als ein anderer Mensch auf. Das Johanniskraut hilft uns auch, dass wir uns zu den ***Zwei Mal Geborenen*** zählen dürfen oder anders ausgedrückt, es bietet uns die Möglichkeit, zwei Leben in einem erfahren zu dürfen.

Meine persönlichen Erfahrungen mit dem Johanniskraut und meinem fünften Chakra oberhalb meines Bauchnabels: Siehe Arbeitsheft.

13

Das Gänsefingerkraut (Potentilla anserina, L.) und das Chakra auf dem rechten Hüftgelenk

Wächst auf Weiden, Wiesen und an Gräben und Wegrändern auf der nördlichen Erdhalbkugel. Blüht von ***Mai bis September****.*

Wer den unscheinbaren Bodendecker genau betrachtet, wird feststellen, dass dieses Kraut sehr gern in einen wahren Artgenossen-Teppich eingemummt wächst und gedeiht. Wir Menschen sind darin mit eingeschlossen. Seit der Antike rühmen heilkundige Gelehrte immer wieder die Heilkraft dieser Pflanze, was sich bis zum heutigen Tag nicht geändert hat. Das Gänsefingerkraut gilt in der traditionellen Sichtweise als *das* Krampfkraut schlechthin; oder besser: als das Ent-Krampfkraut. Überall dort, wo die Energien in einem Körper durch Schmerz blockiert werden, kann das Gänsefingerkraut mit Erfolg angewendet werden.

Unter seinen Blättern bietet das Gänsefingerkraut eine faustdicke Überraschung. Von oben betrachtet sind sie grün gezähnt, doch von unten gesehen silberfarben. Deshalb sollte auch bei der Anserine, wie das Gänsefingerkraut ebenfalls genannt wird, immer die gesamte Pflanze in einem Tinkturenfläschchen Platz finden. Es ist eine Eigenart des ausgehenden Zeitalters, alles in Einzelteile zerlegen und zerpflücken zu wollen. Damit ein heilkundiger Mensch wahrhaftig, also auf der Ebene der reinsten Wahrheit, heilen kann, verwendet er immer alle Teile einer Pflanze, das heisst von der Wurzel bis zur Blüte, und setzt die Tinktur auch auf diese Weise an. Ernten wir bei dieser Pflanze „nur" die Blüten, schmälern wir die Heilungschancen und Einsatzmöglichkeiten auf unnötige Weise, weil wir die Seelenkräfte in ihr begrenzen, was wiederum eine Begrenzung unserer seelischen Möglichkeiten nach sich zieht.
Aus Respekt, Dankbarkeit und Liebe für die Gaben der Schöpfung lassen wir ein Stück der Wurzel im Erdreich liegen, damit die Pflanze wieder nachwachsen kann. Zur Erinnerung seien nochmals die drei Schritte zur energetischen Verbindung mit unseren Helfern aus dem Grünen Reich von Mutter Erde genannt: Wir bitten, wir nehmen achtsam und dankbar die Hilfe an und wir danken mit einem Ritual für die Gabe.

Was die Farbe Gelb bedeutet, wissen Sie nun zur Genüge. Ich möchte Ihnen an dieser Stelle deshalb nun die einzigartigen Blätter des Gänsefingerkrautes vertiefend beschreiben.

Die Oberfläche ist, wie bereits erwähnt, grün. Diese Farbe ist das Sinnbild für Neubeginn und Wachstum, für Natur und Natürlichkeit, Hoffnung, Harmonie, Ruhe und Regeneration.
Die Unterseite zeigt sich silbern. Silber wird dem Mond mit seinen lunaren Kräften zugesprochen. Dass der Mond grossen Einfluss auf unsere Psyche nimmt, muss an dieser Stelle sicher nicht mehr ausführlich erwähnt werden. Dies werden Ihnen viele Menschen bestätigen können. In Vollmondnächten wälzen sich nicht wenige von uns im Bett unruhig hin und her. Kinder wählen für ihren Eintritt ins Leben gerne Vollmondnächte und die Gewaltbereitschaft unter uns Menschen nimmt ebenfalls zu. Der Mond korrespondiert mit unserem Unterbewusstsein. Dieses ist eine Kraftzentrale, wird im Wachbewusstsein in den Hintergrund gedrängt und durch Meditation für uns erfahrbar. Darum sollten wir die Verbindung mit den Heilpflanzen immer in einer meditativen, demütigen Haltung aufnehmen.

Die Psyche liegt tiefer in unserem Körper als zum Beispiel die Gebärmutter. Sie ist die zweite Stufe in einem Organ. Jedes Organ ist sowohl physisch-begrenzt, psychisch-emotional und seelisch-universell. Es hat über viele Lebenszyklen hinweg eine grosse Speicherkapazität. Damit wir unsere Übel an den Wurzeln packen können, sollten eben diese Wurzeln der Pflanze auch in keinem Heilmittel fehlen (dieses Synchronizitätsprinzip wurde im ersten Teil des Buches genau beschrieben). Silber ist das Sinnbild für die Seele. Und nun kommen wir den Blättern der Anserine vertiefend auf die Spur. Sie bietet uns mit ihrer Signatur die Gewissheit, dass mit ihr die Heilung eines Organs vom silbernen Kern (Seele) bis zur Aussenhaut (grün für den Neubeginn) möglich wird und dass mit der gelbfarbenen Blüte auch der letzte Rest von Dunkelheit ausgeleitet werden kann. Die Wurzeln einer Pflanze stabilisieren uns in unserer neuen Mitte zwischen den Fussknöcheln für das Zeitalter des Wassermannes im Einklang mit Himmel und Erde. Bei Tagträumern, unkonzentrierten, orientierungslosen Menschen, die keinen Boden unter den Füssen haben, sollten diese Pflanzenteile in keiner Arznei fehlen.

Der wissenschaftliche Ausdruck für unser unscheinbares Kräutchen mit der grossen Heilkraft heisst ***Potentilla anserina***. ***Potens*** ist lateinisch und bedeutet „mächtig" oder auch „kraftvoll." Damit sind die Heilkräfte bereits präzise beschrieben. ***Anser*** ist ebenfalls lateinischen Ursprungs und heisst „Gans." Die Silbe *-ina* entstammt dem heutigen Italienisch und ist dort die Verkleinerungsform. In unserem Fall also statt Gans „das Gänschen", was in Bezug auf die Kleinwüchsigkeit sicher zutreffend ist. Es kann auch in Betracht gezogen werden, dass aus Gründen des

Sprachflusses ***anserina*** gewählt wurde. Potentilla anser klingt eher kraftvoll bestimmt, ***Potentilla anserina*** ist dafür weicher im Sprachklang.

Egal, ob wir eine Gans oder ein Gänschen bevorzugen, es bleibt unstrittig, dass die Pflanze durch unsere domestizierten Gänse zu ihrem Namen kam. Und sie wächst dann auch dort mit Vorliebe, wo sich Gänse aufhalten und mit ihrem Kot der ***Anserine*** das Wachstum ermöglichen. Die Gänse standen auch für eine weitere, wunderbare Heilpflanze Pate, nämlich für das Gänseblümchen, dem wir in diesem Buch unseren Respekt, unsere Achtung und unsere Liebe zollen, das aber für unsere Bedürfnisse weder der Goldenen noch der ***Smaragdinen Ebene*** zugedacht werden kann, was keineswegs als Diffamierung verstanden werden sollte, sondern als mystische Feststellung, also ohne zu urteilen.

Die ***Ein Mal Weise Dimension*** setzt die ***Anserine*** bei folgenden Indikationen ein: Krampfartige Menstruationsbeschwerden, Krämpfe des Magen-Darmtraktes, Muskelkrämpfe, Wadenkrämpfe, Hustenkrämpfe wie Asthma, leichtere Entzündungen im Bereich der Mund- und Rachenschleimhaut, Herzschmerzen infolge von Überarbeitung, Durchfall mit kolikartigen Krämpfen, Weissfluss, Rückenschmerzen in Zusammenhang mit Menstruationsbeschwerden, Zahnschmerzen, Schmerzen nach einer vaginalen Geburt und bei Kaiserschnitt, bei Unfruchtbarkeit der Frau, Schwächezuständen der Gebärmutter, Gicht, Nieren- und Gallensteinen und bei Epilepsie.

Folgende Inhaltsstoffe sind bekannt: **Gerbstoffe, Flavonoide, Bitterstoffe, Sterine, Choline, Ellarsäure, Quercetin, Tormetosid, Gallussäure, Cumarine, Phytosterole und Anthozyane**.

Die ***Zwei Mal Weise Dimension*** kennt folgende Anwendungen: Bei Konzentrationsschwäche, Orientierungslosigkeit, Autismus, Tagträumereien, Verschlafenheit, nach seelischen Grausamkeiten, bei Schockzuständen nach Unfällen oder kriegerischen Ereignissen, bei Angst vor Gewittern, bei Opfern von Einbrüchen, Alpträumen, innerer Unruhe, Nervosität vor der Menstruation, Geburtsängsten, Angst vor Spinnen, Mäusen, Ratten, etc.

Die ***Drei Mal Weise Dimension*** ordnet das Gänsefingerkraut dem sechsten Chakra auf der Höhe des rechten Hüftknochens zu, wo es alle Blockaden in diesem Bereich lösen kann.

Meine persönlichen Erfahrungen mit dem Gänsefingerkraut und meinem sechsten Chakra auf dem rechten Hüftgelenk: Siehe Arbeitsheft.

3

Die Goldrute (Solidago virgaurea, L.) und das Chakra auf dem linken Hüftgelenk

Wächst an Waldrändern, in lichten Wäldern, auf Kahlschlägen, auf Magerwiesen und Heiden. Blüht von ***Juli bis Ende September****.*

Unsere nächste Vertreterin der Goldenen Ebene hat Konkurrenz aus Übersee erhalten und zwar in Form der kanadischen Goldrute, der ***solidago canadensis***. Dieser invasive Neophyt würde angeblich die einheimische Art verdrängen, heisst es. In meiner Umgebung gedeihen beide Arten friedlich nebeneinander, wobei die Gäste aus Kanada es vorziehen, in Gruppen zu wachsen, und die unsrige eher den Einzelgängern zugerechnet werden darf. ***Neo*** stammt vom altgriechischen Wort neos und heisst neu. ***Phytos*** ist ebenfalls griechisch und bedeutet Pflanze. Phytotherapie bedeutet demzufolge das Therapieren mit (Heil-)Pflanzen. ***Therapeia*** ist ebenfalls griechisch und meint soviel wie „dienen". Es gibt eine mystische Auffassung, dass das Wort Therapie als den göttlichen Acker bearbeiten zu verstehen ist.

Auf jeden Fall ist das Heilen mit Pflanzen so alt wie die Menschheit; es war und ist in allen Kulturen, auf allen Kontinenten, in allen Zeitaltern verwurzelt und erfährt auch in Europa zur Zeit die verdiente Renaissance. Diese Art von Medizin ist in der freien Natur für alle interessierten Menschen zugänglich. Voraussetzung ist lediglich, dass sich jemand mit den Heilpflanzen beschäftigt und sich eine solide Grundausbildung aneignet, auf deren Fundament auch dieses Buch gewachsen ist. Das kann nebst einer Heilpflanzenschule durchaus das Lernen zum Nulltarif bei der Grossmutter oder anderen heilkundigen Menschen sein.

Die Natur kennt keine Zweiklassenmedizin und interessiert sich schon gar nicht dafür, wer Sie sind oder woher Sie kommen. Sie gibt einfach, wenn sie darum gebeten wird. Und wir Menschen sollen uns das ***einfach*** oder auch ***Das Einfache*** wieder fest in unserem Bewusstsein verankern. Da habe ich unseren (Vor-) Alpenbewohnern auch so manches zu verdanken. Und wer Menschen begegnen darf, die ihr ganzes Leben im Wald mit dem Holzen verbracht haben und eine innere Ruhe und Schönheit ausstrahlen, weiss, wie es sein wird, wenn wir wieder einfach einfacher und vor allem bescheidener geworden sind.

Nie werde ich jenen Mann vergessen, der auf einem frisch geschlagenen Fichtenstamm sass, seine mitgebrachte Mahlzeit verzehrte, nach dieser aufstand und dem Herrgott für das Holz und die Mahlzeit dankte und dabei sein schönstes Lächeln aufsetzte. Er hatte verstanden, worum es im Leben geht, und er hatte ebenfalls verstanden, dass all dies nicht selbstverständlich ist.

Unsere Goldrute blüht, wenn sich der Sommer langsam seinem Ende zuneigt und sucht sich die besten Plätze an der Sonne aus, natürlich auch mit entsprechender Aussicht. Einer königlichen Vertreterin gebührt auch das Beste. Sie ist eine sehr selbstbewusste Vertreterin ihrer Gattung, die sich gerne exponiert und noch lieber bewundert werden möchte. Ich habe ein Exemplar getroffen, das bei meiner Bitte um Kontaktaufnahme regelrecht vor Freude zu zittern anfing und nach der Verabschiedung wie paralysiert steif und ungelenkig mit Blatt und Blüte verharrte, um mir seinen Missmut zu äussern. Sie haben richtig gelesen, Heilpflanzen sind Wesen, die uns auf Ebenen wahrnehmen können, von denen die allermeisten Menschen wahrscheinlich noch nie gehört haben.

Die **kanadische Vertreterin** ist in der voralpinen Zone die letzte, welche dem Himmel ihre goldenen Blütenrispen schenkt. Sie hilft also mit, den herannahenden Winter zu bändigen, da meist nach ihrem Verblühen der erste Schnee fällt. Angeblich ist die kanadische Goldrute in unseren Breitengraden „nur" als Pflanze zum Einfärben von Wolle oder Stoffen zu verwenden. Ich habe dies einem kanadischen Naturmenschen unterbreitet und er hat über die angeblich so intelligenten Europäer genau so gelacht, wie ich dies auch von Afrika her kenne. In Kanada ist die Goldrute ein uraltes und sehr geschätztes Heilkraut, das bei blutenden Wunden oder auch bei Schlangenbissen, Kratzspuren von Bärentatzen und nach Huftritten von Tieren mit grossem Erfolg eingesetzt wird. Wer keine Goldrute um sich habe, sei in der kanadischen Wildnis bald verloren, sagte mir der oben erwähnte Mann. Wenn Sie also die kanadische Variante bevorzugen, ist sie mit Sicherheit gleichberechtigt.

Und wenn bei einer gelb-blühenden Pflanze auf einer trockenen Wiese oder auch in einer Waldlichtung Insekten, Käfer und Schmetterlinge herumschwirren, dann handelt es sich mit grosser Wahrscheinlichkeit um eine Goldrute. Sie hat auch eine Fangemeinde im Tierreich: Die ebenfalls goldfarbene Krabbenspinne tarnt sich perfekt mit einer Blüte der Goldrute, um dann aus dem Nichts heraus ihre Opfer zu erlegen, was so mancher Fliege und auch vielen Schmetterlingen das Leben gekostet hat.

Uns trachtet die Goldrute sicher nicht nach dem Leben. Bereits vor 500 Jahren wurde sie als Heilpflanze geschätzt und dazumal hauptsächlich zur Versorgung von Wunden eingesetzt. Erst später wurde die Heilwirkung auf den Bereich der Nieren entdeckt, was sich bis zum heutigen Tag auch nicht geändert hat.

Vor ca. 500 Jahren tauchte der Name ***Solidago*** erstmals in Büchern der Heilkundigen auf; er war zu dieser Zeit Sammelbegriff für verschiedene Wundkräuter, wie unsere Goldrute eines ist – aber auch für Sanikel, Blutwurz, Hirtentäschel oder für den Spitzwegerich gilt diese Bezeichnung.

Etwa zu gleicher Zeit erschien ein weiterer lateinischer Name, nämlich ***Virga aurea***, was goldene Rute heisst. ***Aurea*** entstammt dem Lateinischen ***aurum***, was bis zum heutigen Tag Gold bedeutet. Es ist immer wieder faszinierend zu beobachten, wie Worte im Lauf der Zeit ihre Bedeutung wechseln können. So soll nach neuerer Auffassung die Bezeichnung ***Solidago*** zwar ebenfalls aus dem Lateinischen stammen, sich aber von ***solidum agere*** ableiten. So werde das Getrennte wieder zusammengefügt. An anderer Stelle finden Sie ein Beispiel, wo die Goldrute eine Trennung ermöglicht hat. Beide Erfahrungswerte haben ihre Berechtigung, da ein Naturgesetz besagt, dass sich nach einer bestimmten Menge etwas in sein Gegenteil kehren kann. Diese Tatsache hat auch Paracelsus zu seinem berühmt gewordenen Satz inspiriert: ***Alle Dinge sind Gift, und nichts ist ohne Gift; allein die Dosis macht's, dass ein Ding kein Gift sei***. Mit diesem Buch dürfen wir auch diese weise, von grossem Können geprägte Feststellung hinter uns lassen, da es auf der bioenergethischen Ebene kein Gift mehr gibt.

Die ***Ein Mal Weise Dimension*** setzt die Goldrute bei folgenden Indikationen ein: Bei Wasseransammlungen im Körper, bei Rheuma, Gicht, Arthritis oder Ekzemen der Haut zum Entgiften und Ausschwemmen über die Harnwege oder auch bei Entzündungen des Nierenbeckens. Weiter bei Harnsteinen oder Nierengriess. Die Goldrute ist für all diese Krankheiten eine sogenannte Kardinalspflanze, das heisst: ***das*** Mittel der ersten Wahl.

Folgende Wirkstoffe sind in der Goldrute enthalten: Flavonoidglykoside, Saponine, ätherisches Öl, Phenylglykoside und Gerbstoffe.

Die ***Zwei Mal Weise Dimension*** setzt die Goldrute bei seelischen Verletzungen der verschiedensten Art mit Erfolg ein, und zwar auch bei solchen, die aus einem früheren Lebenszyklus stammen. In den Nieren werden diese Verletzungen nämlich gespeichert. Nierenprobleme sollten darum immer psychosomatisch behandelt bleiben. Nierentransplantationen könnten auf diese Weise vielen Menschen erspart werden. In den meisten Fällen ist Nierenversagen auf sehr grosse seelische Belastung zurückzuführen. Eine gute Begleiterin bei Problemen mit diesem Organ ist eine Reinkarnationstherapie, die es uns ermöglicht, Belastendes noch einmal anzuschauen, um es dann der feinstofflichen Welt zu übergeben, die es für uns auflöst und davonträgt.

Bei einer unter Nierenproblemen leidenden Bekannten hat die Goldrute geholfen, dass sie sich von ihrem Partner trennen konnte. Kaum hatte sie den Schritt getan, verschwanden auch die Nierenprobleme. Die volkskundliche Äusserung „es geht mir an die Nieren" hat also durchaus ihre Berechtigung und ihren Wahrheitsgehalt.

Die ***Drei Mal Weise Dimension*** ordnet die Goldruten dem siebten Chakra auf der Höhe des linken Hüftgelenkes zu. Auf dieser Ebene können alle ca. 100 bekannten Arten, die es rund um den Globus gibt, unbedenklich eingesetzt werden, da keine von ihnen giftig ist. Sie alle stärken unsere Zellen und Poren in diesem Bereich und geben uns so die Kraft, den Anforderungen des Lebens mit Freude und Leichtigkeit zu begegnen und dafür zu sorgen, dass wir kein seelisches Leiden mehr erleben müssen.

Meine persönlichen Erfahrungen mit der Goldrute und meinem siebten Chakra auf dem linken Hüftgelenk: Siehe Arbeitsheft.

Die Goldene Taubnessel (Lamium galeobdolon, L.) und die Chakren der beiden Handinnenflächen

Wächst an Wegrändern, Hecken, Gebüschen, Zäunen und in lichten Waldabschnitten. Blüht von ***April bis Oktober****.*

Sie kann uns wirklich Leid tun, unsere Goldene Taubnessel. In der heutigen Zeit fristet sie ein Mauerblümchendasein und muss ihrer Artverwandten, der ***weissen Taubnesssel (Lamium album, L.)*** den Vortritt lassen. Weder Medizinhistoriker, noch Naturwissenschaftliche Museen, nicht ein Institut der Universität Leipzig als stolzer Besitzer der Originalschriften von Paracelsus, und auch nicht meine umfangreiche Kollektion an Fachbüchern konnten mir entscheidende Impulse zum Verständnis ihres Wesens geben.

Da bleibt nur ein sehr brauchbarer Ausweg, nämlich zwei bis drei warme Sommertage zu nutzen, um auf einer Waldlichtung dem Geist der Goldenen Taubnessel zuzuhören, die Stille zu geniessen, in der Nacht die reine Waldluft einzuatmen, den Schritten der Wildtiere im Laub zu lauschen und tagsüber den Magen mit einer feinen Wildkräutersuppe zu füllen. Mit einer solchen sowie Kartoffeln im Magen erhalte ich die klarsten und aussagekräftigsten Offenbarungen, die sich jeweils im Nachhinein als zu 95 % richtig erweisen. Diese Art zu lernen bereitet ausschliesslich Freude, bringt einen tiefen inneren Frieden und das Urvertrauen in die Weisheit des Grünen Reichs von Mutter Erde zurück, genau das, was Ihnen das vorliegende Buch vermitteln möchte. Auf diese Weise verlieren Krankheiten auf einfache Weise ihre Gültigkeit und dies sogar noch ohne Nebenwirkungen, die eine Kopfgeburt von uns Menschen sind. Vielleicht dankt mir meine Krankenkasse meine Abwesenheit vom heutigen Krankheitswesen zu einem späteren Zeitpunkt?

Aber zurück: Zuerst klinkte ich mich in die Trinität von Himmel-Mensch-Erde ein, die Sie im zweiten Teil des Buches bereits kennengelernt haben, und richtete mein gesamtes Bewusstsein auf das Smaragdtor; dann bat ich die Goldenen Taubnesseln, mir ihr Dasein näher zu bringen. Und da eröffnete sich mir Folgendes:

Einige Leben zuvor verbrachte ich ein Einsiedlerdasein als Waldfrau. Wo genau, wurde mir nicht offenbart. Ich bewohnte ein einfaches Holzhaus, umgeben von Laubbäumen wie Eichen und Buchen. Das Niederholz diente Rehen, Hasen und Füchsen als Schutz bei Regen und Wind.

Sie waren regelmässig bei mir zu Gast, so dass wir alle zusammen eine eingeschworene Gemeinschaft wurden. Bei Gefahr warnten uns die Vögel auf den Bäumen, so dass auch ich mich rechtzeitig in meine Höhle weiter oben zurückziehen konnte. Der Eingang war mit Heckenpflanzen so getarnt, dass mich meine Verfolger nicht entdecken konnten. Für sie war die Hecke einfach Dickicht oder Gestrüpp, dem keine weitere Beachtung geschenkt werden musste. Diese Hecke hat mir das Leben gerettet. Wütende Dorfbewohner hatten mich wahrscheinlich wegen Hexerei in den Wald vertrieben, wo ich mir Erfahrungen aneignen durfte, die bis heute für das Gelingen meiner Aufgabe von unschätzbarem Wert sind. Auf diese Weise lernte ich, dass auch das so genannte Schlimme eine wunderbare Komponente hat. Ich war zwar eine Einsiedlerin fernab von der damaligen Gesellschaft, aber mit einem reichen, seelischen Innenleben, das mir Bilder und Einblicke bis in die tiefsten Schichten des Verborgenen von Mutter Natur offenbarte. Bereits dazumal war ich stolze Besitzerin eines Fernsehers, allerdings eines Gerätes der etwas anderen Art.

In dieser Zeit trat auch die Goldene Taubnessel in mein Leben und half mir, mich mit ihren Kräften, wie viele anderen Pflanzen auch, gesund und munter durch die Gezeiten des Jahres zu bringen. Manchmal reicherte ich meine Mahlzeiten auf dem Feuer mit Wurzeln an, was mir zusätzlich Kraft verlieh und mir auch klar machte, warum ich mich vor etwa zwölf Jahren zusammen mit einem lieben Freund in eine Höhle im Jura zurückgezogen hatte, wo wir uns eine Woche lang ausschliesslich von der puren Natur ernährten. Dies waren nebst Wasser, Gräsern, Kräutern und Beeren auch Wurzeln, die über dem Feuer geröstet wurden. Bald entwickelte ich eine Vorliebe für die Wurzeln des Löwenzahns, die mir aber nach einer Woche gründlich vergangen war, und die armen müssen bis heute eher ein Schattendasein in meinem Leben führen, es sei denn sie sind karamelisiert.

Ehrlicherweise muss an dieser Stelle auch angefügt werden, dass wir nach überstandenem Naturerlebnis schnurstracks das nächste Gasthaus anpeilten, um uns dort die Mägen mit Schnitzel und Pommes vollzustopfen. Wie haben wir meinen Hund beneidet, der täglich zweimal sein gewohntes Futter vorgesetzt bekam! Eisern haben wir aber beschlossen, unsere Naturkost nicht mit Hundenahrung zu ergänzen und haben dies auch eingehalten.

Uns wurde bewusst gemacht, dass auch wir beide den Weg, der uns von der Natur trennte, eingeschlagen hatten. Das Band wieder zu knüpfen, lohnt sich tausendmal und ist von unschätzbarem Wert. Und darum ist auch die Goldene Taubnessel wieder in mein Bewusstsein getreten. Ihr habe ich in der Tat sehr viel zu verdanken.

Kaum war ich wieder zu Hause und surfte im Internet, bekam ich die Eingebung, ich solle ***Goldene Taubnessel*** eingeben. Und siehe da, auf einer Seite fand ich alles, was ich vorher gesucht habe. Die Seite hiess sinnigerweise **www.hoffnungsengel.jey-key.de**. Die Goldene Taubnessel wird auch und vor allem im englischsprachigen Raum (übersetzt) ***Goldene Erzengelpflanze*** genannt. Da hat mir, wie so oft, die Energie von Erzengel Raphael geholfen. Herzlichen Dank an den himmlischen Begleiter.

Der wissenschaftliche Name ***Lamium galeobdolon*** stammt aus der griechischen Sprache. ***Lamos*** bedeutet „der Rachen", was auf die Lippenblüten bezogen sicher richtig ist. ***Galeobdolon*** heisst soviel wie „umfassend", und wer die Wirkungsweisen der ***Ein Mal Weisen Dimension*** liest, weiss auch, wie unsere Taubnessel zu ihrem zweiten Namen kam.

Die ***Ein Mal Weise Dimension*** setzt die Goldene Taubnessel bei folgenden Erkrankungen ein: Blutarmut, Blasenentzündung, Blasenkrampf, Blasen- und Nierensteinen, Blähungen, Bronchitis, Durchfall, Darmentzündung, Erkältung, Ekzeme, Fieber, Husten, Hämorrhoiden, Krampfadern, Leberinsuffizienz, Magenentzündungen, Menstruationsbeschwerden, Menstruationsstörungen, Quetschungen, Schlaflosigkeit, schlecht heilenden Wunden, unreiner Haut, Überreiztheit, Verstauchungen, Verdauungsschwäche und bei Wechseljahrbeschwerden.

Sie kennt folgende Wirkstoffe: **Saponine, ätherische Öle, Schleimstoffe, Gerbstoffe, Flavonglykoside, Histamin und Tyramin**.

Die ***Zwei Mal Weise Dimension*** nimmt den ersten Teil des griechischen Namens zu Hilfe, also ***Lamos***, „der Rachen". Sie hilft auf dieser Ebene scheuen Menschen, die sich nicht getrauen, ihre Meinung zu äussern. Weiters hilft sie bei Sprachschwierigkeiten, beim Stottern, bei Kurzatmigkeit, bei Nervosität und innerer Unruhe.

Die ***Drei Mal Weise Aufgabe*** der Goldenen Taubnessel war und ist, den männlichen und den weiblichen Teil im Menschen in Balance zu halten, damit dieser sein seelisches Gleichgewicht nicht verlieren muss. Wenn ich mit dem linken Bein aus dem Bett gestiegen bin, berühre ich nach erfolgter Bittstellung mit beiden Händen eine Goldene Taubnessel und spüre sehr schnell, dass sich die Energiebahnen in beiden Körperhälften verändern. Das seelische Ungleichgewicht öffnet das Tor für Krankheiten sehr weit, doch mit Hilfe der Goldenen Taubnessel können wir dies vermeiden.

Darum wird diese wunderbare Heilpflanze auch den beiden Chakren in den Händen zugeordnet. Diese Chakren sollten wir ganz besonders immer wieder stärken, da sie erfahrungsgemäss die meisten Fremdenergien zu verarbeiten haben. Zahllose Erkrankungen werden über die Hände weiterverbreitet. Seit Jahren benutzte ich deshalb die Goldene Taubnessel auch zum Desinfizieren meiner Hände. Dabei genügt eine energetische Verbindung vollauf und bringt den gewünschten Effekt, da auch Sie, wie ebenfalls anderweitig bereits erwähnt, von der Natur das bekommen, was Sie sich von ihr wünschen und woran Sie glauben.

Und wer sich gegenüber der Natur anmasst zu behaupten, dass er ein Wissender sei, dem wird spätestens ein Baum bewusst werden lassen, dass wir Menschen gar nichts wissen. Sokrates brachte diese Tatsache in seinem berühmten Satz auf den Punkt: ***Je mehr ich weiss, desto mehr weiss ich, dass ich nichts weiss.***

Meine eigenen Erfahrungen mit der Goldenen Taubnessel und meinen beiden Chakren (achtes Chakra) der Handinnenflächen: Siehe Arbeitsheft.

Der Blutwurz (Potentilla erecta, L.) im Wurzelchakra im Schritt

Wächst auf Magerwiesen und Magerweiden, Sandtorfböden, auf der Heide und auch auf Sumpf- und Moorwiesen und blüht von Mai bis August.

Wer den Blutwurz an sonnigen Stellen leuchten sieht, muss sich fragen: „Gibt es grössenwahnsinnige Heilpflanzen?". ***Potentia*** heisst auf Deutsch „Macht", doch mächtig ist die Pflanze in ihrem äusseren Erscheinungsbild sicherlich nicht. Aber Achtung, wer sie sanft der Erde entnimmt, wird auch die Wurzel mit ihrem machtvollen Rhizom (Wurzelknollen) in den Händen halten. Dann hat er noch eine Rarität mehr vor sich, denn der Blutwurz ist nach heutigen wissenschaftlichen Erkenntnissen eine der wirkungsvollsten Heilpflanzpflanzen Europas, und zwar wegen seiner Gerbstoffe. Sie kommen in der traditionellen Sichtweise vor allem in Rinden und Wurzeln vor und verursachen im Mund ein stumpfes, herbes und zusammenziehendes Gefühl. Gerade das Zusammenziehen macht sich diese Ebene bei wässrigen Durchfällen oder stark blutenden Wunden zu Nutze. Die Gerbstoffe verhindern den Flüssigkeitsaustritt aus den Darmlumen, was den Stuhlgang trocknen lässt. Ein Lumen ist die Innenseite eines Organs, hier also des Darmes. Bei den Wunden verdichtet sich die oberste Schicht, was die Wundheilung und die Blutstillung fördert. Gerbstoffe sind unter anderem ein wirkungsvoller Antidot gegen Gift und können Bakterien an ihrem Wachstum hindern. Das Wort ***Antidot*** stammt aus dem Lateinischen ***Antidotum***, was soviel wie Gegenmittel bedeutet.

Darum müssen wir feststellen, dass das unscheinbare Pflänzchen seinen Namen völlig zu Recht trägt, weshalb es auf der ***Ein Mal Weisen Ebene*** als Tinktur in keiner Hausapotheke fehlen sollte. Wer übrigens keine alkoholische Tinktur selber herstellen oder kaufen möchte, kann eine mit Apfelessig ansetzen, die nach meiner Erfahrung ebenfalls eine sehr gute Wirkung hat. In anderen Kulturen war und ist es üblich, Heilpflanzen mit Milch einzunehmen, wie z. B. bei den Germanen und auch heute noch in den Karpaten und im Banat, dem Grenzgebiet von Serbien, Ungarn und Rumänien. Ein ***Ban*** war im Ungarischen, Serbischen und Kroatischen ein Graf. Der Banat ist also eine historische Grafschaft. Die Massai im Gebiet von Kenia und Tansania in Ostafrika nehmen ihre Heilpflanzen mit einem Gemisch von Rinderblut und Kuhmilch ein. Die Lebenskraft der Rinder erhöhe mit ihrem Blut auch die Lebenskraft der dortigen Menschen, ist ihre Ansicht. Die Welt ist bunt in allen Farben, bunt an verschiedensten Erfahrungen, bunt an Kulturen, an Ländern – eben bunt wie die Natur selber.

Nur der Mensch denkt lediglich in Schwarz und Weiss, in Gut und Böse, in Richtig oder Falsch und betrachtet dies als Mass aller Dinge. Wie begrenzt müssen wir unter dem Mantel der Egoverblendung geworden sein?

Die allermeisten Krankheiten entstehen, wenn wir energetisch gesehen aus dem Lot geraten sind. Und dies kann in unserer heutigen Zeit der allgemeinen Masslosigkeit und Orientierungslosigkeit sehr schnell der Fall sein. Der Blutwurz ist ***die*** Heilpflanze schlechthin, wenn es um das Wieder-Zentrieren eines Menschen geht. Doch davon später noch ausführlicher.

Was ist überhaupt eine Krankheit?

Theophrastos von Eresos

Eine Krankheit ist *das*, was Sie persönlich als solche betrachten. Es gibt eine Weisheit aus dem Buddhismus, nach der ein Mensch eine Krankheit, die er angeblich nicht heilen kann, einfach nicht als solche betrachten soll. Wie bereits an anderer Stelle erwähnt, laden Sie jede Krankheit mit Ihren dementsprechenden Gedanken, Worten und Taten ein, sich in Ihrem Körper einzunisten. Die Geister, welche Sie rufen, werden sich bei Ihnen melden. Diese machen Sie nicht unbedingt krank, sondern Sie selbst sind es, die dies tun, wenn Sie leichtgläubig sind und sich weigern, Selbstverantwortung für Ihr Leben zu übernehmen. Dieses Buch gibt Ihnen die Gelegenheit, das zu ändern und Ihr eigener Schöpfer im Einklang mit Himmel und Erde zu werden.

Bereits in vorchristlicher Zeit fand der Blutwurz Aufnahme in der Heilkunst. Auch der grosse **Theophrastos von Eresos** (um 371 v. Chr.) soll ihn in seinem Garten angepflanzt haben. Ein Grenzstein im heutigen Nationalgarten von Athen bezeugt noch heute, dass Theophr, wie sein botanisches Autorenkürzel hiess, tatsächlich ein Gartengelände besass. Sein grosses Interesse galt den Bäumen, insbesondere der Eiche, welche er als wahre Heilkünstlerin beschrieb.

Später tauchte Plinius der Plagiator ebenfalls mit dem Blutwurz in den Geschichtsbüchern auf. Er wurde 23 oder 24 n. Chr. als Gaius Plinius Secundus Maior im damaligen Novum Comum, dem heutigen Como, am Comersee geboren und starb 79 n. Chr. bei Neapel. Sein Neffe schilderte nach dem Tod seines Onkels dessen ungewöhnliche Arbeitsweise. Wie der Name sagt, hat Plinius der Ältere vorzugsweise abgeschrieben. Im Vorwort zur Naturkunde erwähnt er 100 Verfasser, deren Werke er für seine Publikation geplündert hat. Darum hat er nach Auffassung von Plinius dem Jüngeren kaum Brauchbares für die Nachwelt hinterlassen, das, wie wir heute wissen, wohl doch nicht so ganz stimmen dürfte.
Auch Plinius der Ältere war stolzer Besitzer eines Gartens, in dem sich ein Olitor um das Gemüse, ein Arborator um die Bäume, ein Vinitor um die Weinstöcke und ein Aquarius um das Giessen aller Pflanzen kümmerte. Der anspruchslose Blutwurz dürfte demzufolge mit dem Aquarius Bekanntschaft gemacht haben.

Diese Erkenntnisse verdanke ich einem befreundeten Ethnobotaniker von der ältesten Universität Italiens und vielleicht der ganzen Welt, nämlich der Universität von Bologna, die 1088 gegründet wurde. Auch in der heutigen italienischen Heilkunde spielt der Blutwurz eine genauso wichtige Rolle wie in unseren nördlicheren Breitengraden auch, da er in ganz Europa, wie auch in Westafrika und Eurasien zu finden ist.

Der eben erwähnte Professor beschäftigt sich auch intensiv mit der Kulturgeschichte der Botanik und hat mir ein Buch empfohlen, welches ich Ihnen nicht vorenthalten möchte. Es handelt sich um eine Publikation von Anna Pavord, die hauptsächlich im angelsächsischen Raum bekannt ist. Der englische Originaltitel lautet ***„The Naming of Names. The Search for Order in the World of Plants“***.[VIII]

Es ist faszinierend, auf diese Weise Einblicke in längst vergangene Zeiten zu erhalten, was so manche Musestunde auf unvergessliche Weise verkürzt. Auch dies ist eine Ebene, die wir nicht missen sollten. Alles hat aus mystischer Sicht seine Zeit und seine Berechtigung, und ein Spaziergang durch alexandrinische und römische Gärten kann auch bei Ihnen ein déjà vu hervorrufen. Dann nämlich haben Sie vielleicht in diesen Zeiten dort gelebt. Wir sind Menschen und wissen bekanntlich, dass wir nichts wissen!

Unser Blutwurz heisst wissenschaftlich ausgedrückt ***Potentilla erecta***. Bei dieser Gelegenheit sei allen Interessierten empfohlen, auch die lateinischen Namen zu erlernen. Sie sind international gültig, so dass Sie in fremden Ländern auch mit einem Arzt, einem Apotheker, einem Drogisten und vor allem mit Berufskollegen (so Sie Pflanzenheilkundiger sind) kommunizieren können. Wenn Sie z.B. in Spanien die bei uns gebräuchlichen Namen ***Dilledapp*** oder ***Durmentill*** gebrauchen, werden Sie sich bald einen Ruf als Ausserirdischer erworben haben!

Wie anfangs bereits erwähnt, stammt der erste Namensteil vom Lateinischen ***potentia*** und heisst „Macht“, in unserem Fall „die Mächtige“. ***Erecta*** ist die lateinische weibliche Form vom männlichen ***erectus*** und bedeutet soviel wie erhaben, mutig, aufrecht oder auch aufgerichtet.

Die ***Ein Mal Weise Dimension*** setzt den Blutwurz erfolgreich bei folgenden Indikationen ein: Kolikartige und blutige Durchfälle, Brechdurchfall, äusserlich bei Hämorrhoiden auch als Salbe, Sitzbad oder innerlich als Zäpfchen; als Gurgelmittel bei Schleimhautentzündungen im Mund und Rachenraum, bei stark blutenden offenen Wunden, bei schlecht heilenden Wunden, Ausschlägen und nässenden Ekzemen, bei Fusspilz und übermässiger Schweissbildung unter den Achseln und an den Füssen. Weiters bei Erfrierungen und Frostbeulen äusserlich als Salbe oder Balsam und bei Haut- und Fusspilzen.

Sie kennt folgende Wirkstoffe: Catechin-Gerbstoffe, Triterpensäureclycosid, Phenolcarbonsäuren, Harze und ätherische Öle.

Die ***Zwei Mal Weise Ebene*** oder auch ***Dimension*** fokussiert sich auf das Rhizom der Wurzel und auf die Blüten des Rosengewächses Blutwurz. Wer beim Zerkleinern des Rhizoms mit dem Keramikmesser genau hin riecht, kann tatsächlich einen schwachen Rosenduft wahrnehmen. Ich erinnere mich an eine Studentin, welche intuitiv eine bestimmte Blutwurzpflanze ausgegraben und erstaunt festgestellt hatte, dass der blutrote Innenteil eine Herzform darstellt. Da die Natur keine Zufälle schafft, erzählte die Studentin uns ehrlich und freimütig, ihr Mann hätte ihr erst am Vorabend gesagt, sie solle für ihre Mitmenschen offenherziger sein. Eine selbstgemachte Tinktur mit der ganzen Pflanze half ihr auf diesem Weg weiter. Die Natur hat ihr den Weg zu der für sie richtigen Heilpflanze gewiesen, und das Licht der Blüte hat ihr Herz durchlässiger für die Bedürfnisse anderer gemacht. Die Tinktur half ihr sogar so gut, dass sie aus diesem Grund von ihrem Ehemann zu einem romantischen Wochenende nach Venedig eingeladen wurde und von dort schwanger zurückkehrte.

Wie bereits oben erwähnt, ist der Blutwurz auf dieser Ebene die Kardinalspflanze bei seelischem Ungleichgewicht aller Art, wie auch nach Unfällen, nach Streitigkeiten oder gewalttätigen Auseinandersetzungen. Das galleähnliche Rhizom hilft impulsiven und aggressiven Zeitgenossen, sich schneller wieder zu beruhigen, da solchen Menschen buchstäblich die Galle hochkommt. Der Blutwurz bietet auch seelischen Schutz für hochsensible Menschen, da deren Aura weniger durchlässig für Fremdenergien wird. So hat mir eine Bekannte bestätigt, dass sie, seitdem sie mit einem Auraspray arbeitet, bestehend aus Quellwasser und den abgezupften Blüten, die sie zusammen an der Sonne energetisiert hat, sich erst um 18 Uhr in den Wald zurückziehen müsse, um ihre Sinneseindrücke herunterfahren zu können. Zuvor war sie bereits zwischen 15.00 und 15.30 Uhr aus diesem Grund nicht mehr ansprechbar.

Auf der ***Drei Mal Drei Weisen Ebene*** wird der Blutwurz dem Wurzelchakra im Schritt zugewiesen, wo er den gesamten Organismus des entsprechenden Bereiches heilt und erneuert. Erstaunliche Erfolge zeigen sich auch auf dieser Ebene bei entwurzelten Menschen, die aus kriegerischen Gründen aus ihrer Heimat fliehen mussten und sich nun seelisch zwischen Stuhl und Bank wiederfinden. Ein Zustand, den wohl die meisten von uns gar nicht nachvollziehen können und hoffentlich auch nie müssen.

Meine eigenen Erfahrungen mit dem Blutwurz und dem neunten Chakra in meinem Schritt: Siehe Arbeitsheft.

Wir bedanken uns mit dem vollständig aktivierten Herzchakra bei allen Goldenen Heilpflanzen für ihre Hilfsbereitschaft und ihre wertvolle Unterstützung mit einem selber gestalteten Naturritual. Auch hier können Sie gar nichts falsch machen. Allein die Gewissheit, nichts mehr falsch machen zu können, kann tief sitzende und teils heftige Heilungsprozesse auslösen. In solchen Fällen genügt es, einen Menschen zu umarmen und ihm Halt zu geben. Spirituell Fortgeschrittene können die Energiestauungen mit kaltem Duschwasser aus dem Körper leiten.
In jedem Fall sollten anschliessend Ruhe und Stille eingeplant werden, damit sich der Körper, der Geist und vor allem die Seele an die neue Situation gewöhnen können.

Nun können Sie die Worte „Heilung" und „Krankheit" endgültig aus Ihrem Vokabular streichen, sofern Sie Ihre Wort- und Gedankendisziplin bereits beherrschen. Auch hier gilt: Es ist noch kein Meister vom Himmel gefallen, aber ein Meister zu werden lohnt sich allemal!

Mein selbstgestaltetes Naturritual als Dank an die Goldenen Heilpflanzen: *Siehe Arbeitsheft.*

Die wahrhaftige Wieder-Heiligung des Menschen in der Non-Dualität mit den Smaragdinen Heilpflanzen

Herzlich willkommen im neuen Zeitalter des Wassermannes! Zum Willkommensgruss setzen wir uns auf eine bunte Wiese, welche Sie sich je nach Neigung mit Ihrer Imaginationskraft in den buntesten Farben selber malen dürfen, oder Sie setzen sich wahrhaftig in eine blühende Naturlandschaft und geniessen die Natur mit allen Sinnen. Oder Sie kombinieren beide Varianten zu Ihrem ganz persönlichen Kunstwerk. Ganz wie **SIE** möchten. Da Sie nun Ihr Urvertrauen in die gesamte Schöpfung mit diesem Buch wiedergewinnen durften, bleibt es auch Ihnen überlassen, wie Sie sich den ***Smaragdinen Heilpflanzen*** nähern möchten.

Mein persönliches Einstimmungsritual: *Siehe Arbeitsheft.*

Für Ihr andauerndes Wohlbefinden ohne nennenswerte Probleme, Leid und Schmerzen dürfen Sie sich den Sitz der „***Big Five***" unserer Chakren, wie nachfolgend illustriert, genau merken.

1. Chakra bei den Knien *Kalmus*
2. Chakra, der Neuen Mitte, Innenknöchel beider Füsse *Schafgarbe*
3. Chakra auf der Kopfmitte *Wermut*
4. Chakra Transformation der kosmischen Energien in Worte *Schachtelhalm*
5. Chakra Quinta Essenzia (die Absicht der Schöpfung, die dahinter steckt): die vollständige Öffnung des Smaragdtores und der Durchtritt durch das Tor ins Reich des Grossen Wissens über die Natur, mit der damit verbundenen Fähigkeit, alle sieben Jahre den gesamten Organismus selber erneuern zu können *Erzengelwurz*

Sollten Sie eine Störung in Ihrem Körper wahrnehmen, können Sie ein Chakra bewusst aktivieren und zwar dort, wo Sie in der Nähe eine Blockade erspüren. Der nächste Schritt wird daraus bestehen, die Energien der entsprechenden Chakren mit der Seele der entsprechenden Heilpflanze zu verbinden. Nach unseren Erfahrungen bringt das meditative Sitzen bei der entsprechenden Heilpflanze den grössten Erfolg. Im Winter können Sie die Fotos dieses Buches benutzen oder ein eigenes Bild knipsen und Ihren erwählten Heiligungs-Platz damit schmücken. Dies mag ein Hausaltar sein oder eine Ecke für Ihre Meditation. Ihr Ritual sollte von Demut und Dankbarkeit begleitet werden und zudem von einer Bitte und einem Dank von ganzem Herzen an die Adresse von Mutter Erde, Vater Himmel und der Heilpflanze. Es ist dabei selbstverständlich, dass Sie sich vorher bewusst in die Trinität einklinken, so wie es im zweiten Teil des Buches genau beschrieben ist.

Zur Ausleitung der bioenergethischen Störung bieten sich unsere fünf Ausleitungsorgane an. Es sind dies:

Haut, Niere, Leber, Lunge und Darm.

Möglicherweise reagiert Ihr Körper darauf mit einer Unreinheit der Haut, mit vermehrter Urinausscheidung, einer gelblichen Verfärbung des Stuhls, einer Veränderung des Atems oder mit Durchfall. Dies wäre die Bestätigung, dass Ihre Bemühungen von Erfolg gekrönt werden. Ein Gang in ein Dampfbad oder in eine Sauna kann zusätzliche Unterstützung bringen.
Sollten Sie das Bedürfnis verspüren, zusätzlich einen Heiligungstee wegen des Synchronizitätsprinzips einzunehmen, bedenken Sie bitte, dass es auf Ihrer erreichten Ebene gibt kein Falsch mehr gibt. Die Rezepturen dazu können Sie im ersten Teil über die bioenergethische Herstellung von Arzneien nachlesen.

Und nun stellen sich Ihnen unsere Grossen Fünf einzeln vor:

Der Kalmus (Acorus calamus, L.) und das erste Hauptchakra bei beiden Knien

Keine Heilpflanze schafft es besser, uns Menschen unsere Blockaden in allen Bereichen besser aufzuzeigen als der Kalmus. Bei den meisten Menschen meldet sich nach unserer Erfahrung zuerst einmal der Merkur, der dem Intellekt oder dem Geist zugeordnet wird und lässt uns ausrichten, „noch nie etwas von dieser Pflanze gehört zu haben".

Wir können vom Kalmus und seiner Zugehörigkeit zu beiden Knien dazu inspiriert werden, unsere dortigen Blockaden genauer zu erspüren, was uns zur Erkenntnis bringt, dass sie mit der Weigerung, den jetzigen Lebenszyklus im Einklang mit Himmel und Erde zu gehen, in Verbindung stehen.

Der Standort des Kalmus an Ufern von Bächen, Seen, Teichen und Gräben lässt auf eine Verbindung mit dem Wasser schliessen, was jenen zugute kommen kann, die in ihrem Geburtshoroskop bei diesem Element zu kurz gekommen sind und sich mit dem Kalmus einen Ausgleich schaffen können. Nach unserer Erfahrung eignet sich der Kalmus insbesondere für Menschen, die sehr geerdet sind und über einen engen Tunnelblick verfügen.

Während einer Meditation mit dem Kalmus wurde mir von ihm das Wort „erdenmüde" offenbart, das nun bis zum heutigen Tag zu meinem Vokabular gehört. Dazumal erklärte er sich so: *Ich lade Menschen ein, mit mir die Erde zu entdecken, um ihnen zu helfen, sich eine andere Sichtweise ihrer Erdenmüdigkeit aneignen zu können. Wenn Du Dich jahrelang immer im selben Kreis Deiner Gedanken drehst, wirst Du eine Verhaltensweise entwickeln, die einem Raubtier in einem engen Käfig gleicht. Immer dieselben Bewegungsabläufe, mit immer denselben Gedanken – das kannst Du mit meiner Hilfe ändern, aber nur wenn Du wahrhaftig willst.*

Wahrhaftig heisst in diesem Kontext, dass wir das Smaragdtor vollständig aktiviert haben, uns in die Trinität einklinken und den Quantensprung von sieben auf vierzehn Chakren bewältigt haben.

Wer die kolbenartigen Blütenstände betrachtet, wird sich kaum mehr wundern, dass im Orient die Kalmuswurzel seit Jahrtausenden als Aphrodisiakum geschätzt und angewendet wird. Sie soll so manchen Nachwuchs der Pharaonen ermöglicht haben. Das Kalmusöl zum Einreiben der Genitalien wird aus dem Rhizom, der Wurzelknolle, gewonnen und auch wegen des sinnlichen und schweren Duftes zum Aromatisieren von arabischem Parfüm verwendet. Diese Erkenntnis durfte ich beim Besuch einer arabischen Liebesschule verinnerlichen. Das Kalmusöl, hiess es, sei neben seiner aphrodisiakischen Wirkung auch ein hervorragendes Gleitmittel und würde zudem, da leicht schmerzstillend, bei der Defloration zur Anwendung gelangen.

In Sanaa, der Hauptstadt des Jemen, wurde ich nämlich in die Geheimnisse eines Harems eingeführt, die sich herzlich wenig mit den europäischen Vorurteilen von Isolation und Unterdrückung durch Männer decken. Ich vernahm von Hintertüren, die geradewegs in die Freiheit führen oder vom sinnvollen Zweck der Ganzkörperverhüllung mit dem unbestreitbaren Vorteil, sich unerkannt vor der eigenen Familie oder dem Ehemann bewegen zu können. Eine Haremsdame erwähnte auch, dass ein Motorradhelm bei uns in etwa denselben Zweck haben könne... Das Liebesspiel ist so alt wie die Menschheit und füllt ganze Lehrbücher in verschiedenen Kulturen. Eine weitere Haremsbewohnerin erzählte von der Antibabypille unter der Matratze und wie sich ihr Ehemann schon längst wundere, warum er teilweise zeugungsunfähig sei.

Wer die Schätze der Natur mit wirklich allen Sinnen erleben möchte, dem sei ein Besuch eines orientalischen Bazars ins Herz gelegt. Spätestens dann wird Ihr Herz für den Kalmus endgültig aufgehen. Und wer sich mit üppigem Goldschmuck behangen und vom Duft eines Parfüms eingehüllt unter die Menschen mischt, wird verschüttete Facetten der Weiblichkeit in sich wieder entdecken. Dies wäre nämlich auch der eigentliche Zweck einer jeden Reise, neue Energien in sich frei zu machen um sich so weiterentwickeln zu können. Darum machten sich seit jeher Dichter, Denker, Gelehrte und Komponisten immer wieder auf zu neuen Ufern, indem sie lange Reisen unternahmen und ihre Wohnorte immer wieder wechselten.

Auch im griechischen Kulturkreis fand die Kalmuspflanze ihren Platz. Dort erhielt sie den wissenschaftlichen Namen ***Acorus calamus.*** Acorus soll sich nach einer speziellen Sichtweise vom botanischen Gattungsnamen ***Acor*** ableiten, was dann auf eine Iris deuten würde. Eine weitere Sichtweise erwähnt die griechischen Götterboten der ***Acoren***, welche der Weiterverbreitung der Pflanzen gedient haben sollen. Unser Kalmus hat sich tatsächlich weit verbreitet. Ursprünglich soll er aus Japan, Myanmar, Thailand, den Philippinen stammen. Dann erreichte er Indien, Nepal, Tibet und den Orient und hat später in Europa erobert. Noch heute

wächst er wild im Orient an den Ufern von Oasen und in unseren Breitengraden an feuchten Rändern von Gewässern aller Art. Beim Kalmus handelt es sich zweifelsfrei um eine starke und ausdauernde Spezies. Eigenschaften, welche auch für uns Voraussetzung für die Selbst-Arbeit mit diesem Buch sein können.

Auch in den ***Drei Mal Weisen indischen Veden*** findet der Kalmus seine wohlverdiente Anwendung. Dort wird er u. a. zur Kräftigung des Verdauungskanals gepriesen und findet noch heute Anwendung in der vedischen Kosmetik und zwar vorzugsweise in Nachtcremes. Der Kalmus war also bereits weit vor unserer Zeit als Heilpflanze bekannt.
Dies bietet uns die Gewissheit, dass wir mit ihm sicher eine der besten Heilpflanzen für die heutigen Bedürfnisse in unsere Arbeit integrieren dürfen, und es bleibt ihm zu wünschen, dass er auch in den Herzen des Neuen Zeitalters seinen wohlverdienten Platz einnehmen darf.

Meine persönlichen Erfahrungen mit dem Kalmus und dem ersten Hauptchakra bei beiden Knien, das ich zurzeit mit folgendem Ausleitungsorgan verbinde: Siehe Arbeitsheft.

Die Schafgarbe (Achillea millefolium, L.) und das zweite Hauptchakra bei den beiden Fussknöcheln, der Neuen Mitte

Unsere nächste Vertreterin der ***Smaragdinen Ebene*** hat sich ihren zentralen Platz redlich verdient. Es gibt Beweise aus der Medizingeschichte, dass die Schafgarbe bereits weit vor unserer Zeitrechnung bekannt war. So konnten bei archäologischen Grabungen im islamischen Kulturkreis Reste von Samen und Blüten zweifelsfrei festgestellt werden. Offenbar wurden sie den Toten als Reisebegleiter ins Jenseits mitgegeben.

Den deutschen Namen bekam sie aus Kreisen der Volksmedizin. Naturverbundene Menschen haben beobachtet, dass erkrankte Schafe ihre inneren Beschwerden mit dieser Pflanze lindern und sich bei äusseren Verletzungen in den Büscheln wälzen. Auch in diesem Fall liefert die Bioenergethik die Lösung für das Warum. Ein Schaf bekommt dort die (Seelen-) Energie einer Heilpflanze als Verstärkung, wo es sie benötigt. Und es kennt garantiert keine Namen von Krankheiten, Wirkstoffen und angeblichen Kontraindikationen. Das Schaf darf sich der Weisheit der Schöpfung sicher sein und hat im Unterschied zu uns Menschen sein Urvertrauen in sie nicht verloren. Der Namensteil der Garbe leitet sich vom altdeutschen Wort ***garven*** ab, was soviel wie „gesundmachen" bedeutet.

Der erste Teil des wissenschaftlichen Namens ***Achillea*** entstammt der griechischen Mythologie. Demnach wurde Achilles vom Giftpfeil des Paris getroffen und an der Ferse verletzt. Der heilkundige Centaur Chiron empfahl ihm hierauf die Schafgarbe zur Wundheilung. Ob sie tatsächlich gewirkt hat, ist nicht schlüssig bekannt, da es widersprüchliche Überlieferungen gibt.

Der zweite Wortteil stammt aus dem Lateinischen. ***Mille folium*** heisst „tausend Blätter". Und wer die fein gefiederten Blätter genau betrachtet und weiss, dass die Schafgarbe bevorzugt in Gruppen wächst und gedeiht, kommt unweigerlich zu dem Schluss, dass alle Pflanzen einer solchen Gruppe zusammen durchaus tausend Blätter haben können.

Keine andere Heilpflanze verkörpert von ihrem Erscheinungsbild her vollendeter den männlichen und weiblichen Teil im Menschen als die Schafgarbe. Den holzigen, zähen und vierkantigen Stängel können wir dem kraftvoll Männlichen zuschreiben und die zarteren Blüten und Blätter dem Weiblichen. Dies erklärt auch den Zusatznamen der Blätter, die als ***Supercilium veneris***, als „Augenbraue der Venus" bezeichnet werden.

Achilleus' Zorn, François-Léon Benouville (1821–1859) (Musée Fabre)

Beide Polaritäten sind untrennbar in uns allen vorhanden. Sie geben auch das vollständige Charakterbild von uns wieder und zeigen auf, dass wir alle unsere gröberen und feineren Facetten haben. Auch darum werden wir mit dieser Pflanze und unserer neuen Mitte bestens bedient. Das Aroma der Blüten weist ebenfalls auf die beiden Polaritäten hin. Auf der einen Seite riechen sie bitter und auf der anderen Seite nach etwas Unergründlichem. Das Bittere zentriert uns auf der Erde und das Unergründlich-Ätherische verbindet uns mit der unermesslichen Weite des Himmlischen.

Eine andere himmlische Sichtweise verdanke ich dem bereits anderweitig erwähnten rumänischen Waldmenschen: Der liebe Gott hätte sich so sehr über die ständig kranken Menschen auf der Erde geärgert, erzählte er, dass er den Erzengel Raphael anwies, eine Pflanze zu erschaffen, die der menschlichen Unvernunft am besten entgegentreten könne. Andernfalls würde er so viele Pflanzen erschaffen müssen, dass er Tag und Nacht in seinem Schöpfungslabor auszuharren habe. Dies sei dann selbst einem Erzengel zu viel gewesen, und so kam es, dass er die Schafgarbe erschuf.

Es ist zudem ein offenes Geheimnis unter Kräuterkundigen, dass im Zweifelsfall eine Schafgarbe immer hilft. Sie hat demzufolge die Fähigkeit, alle kosmischen Energien in ihrer Gestalt zu vereinen und ist auch darum eine würdige Vertreterin für eines der ganz wichtigen Hauptchakren, demjenigen unserer neuen Mitte. Und diese neue Mitte wird uns auch ermöglichen, unsere innere Stimme klarer und deutlicher vernehmen zu können, auch darum, weil wir uns auf diese Weise wieder mit der Erde enger und tiefer verbinden. Die Schafgarbe konnte sich zudem im gesamten nördlichen Erdteil von Asien bis Amerika verbreiten; ein Indiz dafür, dass die wichtigsten Heilpflanzen die genügsamsten und flexibelsten sind. Auch in unseren Breitengraden wächst sie im Flachland genauso wie in den Hochalpen. Dort heisst sie Iva ***(Achillea moscata)***. Die dortige Bevölkerung stellt daraus einen Iva-Likör her, der als besonders kräftigend gilt. Ein Rezept lautet:

Ein Einmachglas wird mit einer alpinen Schafgarbenart gefüllt und mit Hochprozentigem vollständig bedeckt. Das Glas wird während einer Woche an die Sonne gestellt. Danach wird die Flüssigkeit abgefiltert und mit Zucker nach Belieben gesüsst. Von diesem Likör nimmt man am Morgen nüchtern und am Abend vor dem Zubettgehen einen ganzen Suppenlöffel ein und trinkt anschliessend noch drei Schlucke reines Quellwasser.

Unsere Erfahrungen haben gezeigt, dass das Aktivieren des zweiten Hauptchakras bei etlichen Menschen Klarheit über ein bestimmtes Problem gebracht hat. Eine Studentin wurde anlässlich einer Meditation mit der Schafgarbe ihre Schmerzen im rechten Fussgelenk los. Wieder andere liefen danach beschwingt und erleichtert. Eine Exkursionsteilnehmerin erspürte die Elementarwesen in ihrer Umgebung und konnte sie exakt beschreiben. Eine damals 15-jährige junge Frau bemerkte nach erfolgter energetischer Verbindung mit der Schafgarbe, sie sei das erste Mal froh, auf diesem Planeten zu sein.

Jeder Mensch darf auf dieser Ebene seine ureigensten Erfahrungen jenseits von Richtig oder Falsch machen. Dies ist der ganz grosse Lernschritt, wieder im Einklang mit der gesamten Schöpfung leben zu dürfen.

Meine eigenen Erfahrungen mit der Schafgarbe und dem zweiten Hauptchakra bei den beiden Fussknöcheln, das ich zurzeit mit folgendem Ausleitungsorgan verbinde: Siehe Arbeitsheft.

Der Wermut (Artemisia absinthium, L.) und das dritte Hauptchakra auf der Kopfmitte

Kaum eine andere Heilpflanze musste die Irrungen und Wirrungen der Menschheit mehr ertragen als der Wermut. Bereits in den ägyptischen Papyrusrollen von Ebers, die um 1600 v. Chr. datiert sind, wird der Wermut erwähnt. Damals soll er den Eingeweihten und Gelehrten als Schutz vor den „niederen Energien" des Volkes gedient haben.
Eine ähnliche Umschreibung findet sich später bei den Isispriestern, die sich möglicherweise auch aus dem oben beschriebenen Grund bei Festlichkeiten Zweige des Wermuts umgehängt haben sollen.

Die Ärzte der Antike priesen den Wermut noch als Allheilmittel, während der deutsche Arzt und Botaniker ***Tabernaemontanus*** in seinem Kräuterbuch aus dem Jahr 1588 erstmals seine nachteiligen Eigenschaften beschrieb. Wer sucht, der findet bekanntlich. Ob er die Heilige Schrift des Christentums zu sehr beherzigt hat, bleibt sein Geheimnis. Dort wird der Wermut nämlich wegen der Vorherrschaft seines bitteren Geschmacks als Symbol für Heimsuchungen und die Leiden des Lebens verantwortlich gemacht.

Die bei uns heimisch gewordene Art ***Artemisia absinthium*** wurde von Mönchen aus dem Süden über die Alpen gebracht, um dann später von den gleichen Kreisen als „sündig Kraut für den Abort" dämonisiert zu werden. Sie wurde in der Schweiz verboten, und die „sündig Weiber" wurden hart bestraft.
Der in der Schweiz bestens bekannte Kräuterpfarrer Künzle kam 1857 zur Welt. Er hingegen war vollen Lobes für den Wermut und pries ihn folgendermassen an:

Ist einer grün wie ein Laubfrosch,
mager wie eine Pappel,
nimmt täglich ab an Gewicht und Humor,
wirft keinen Schatten mehr,
der probiere es mit einem Teelöffel voll Wermuttee alle zwei Stunden.

An anderer Stelle empfahl er den Wermut auch „für gallsüchtige Weiber", die den anderen nur das Leben schwer machen täten.
Eine anonyme Quelle berichtet, über einer Wiege aufgehängt, halte ein Zweig Kobolde und Geister von Kindern fern, um ihnen einen ruhigen, tiefen Schlaf zu schenken.

Teil 3

In Sibirien ist der Wermut ebenfalls bis zum heutigen Tag bekannt. Dort wird er in grösseren Mengen getrunken, was in Russland selbst kaum jemand stört. Wie sollten Menschen die Kälte und Dunkelheit der langen Wintermonate sonst ertragen können? Es ist auch in unseren Breitengraden bekannt, dass der Alkoholkonsum in den Wintermonaten bei der Bergbevölkerung ziemlich an Fahrt gewinnt.

Eine der Hochburgen für den Wermut war und ist Frankreich. Dort wird er liebevoll „die Grüne Fee" genannt. Auf Französisch heisst er ***La fée verte***. Die grüne Fee hat die weltberühmt gewordene Kultur tatkräftig bereichert, zumindest wenn es nach französischem Wissensgut geht. Zu den bekanntesten Absinthtrinkern sollen nebst Charles Baudelaire auch Paul Gauguin, Arthur Rimbaud und Henri de Toulouse-Lautrec gehört haben. Aber auch Nicht-Franzosen wie Edgar Allen Poe, Oscar Wilde, Ernest Hemingway oder Vincent van Gogh schätzten den Absinth.

Da der Wermut erwiesenermassen den Horizont erweitert, dürfen wir uns dies auch auf der bioenergethischen Ebene für unsere Zwecke zu Nutze machen. Ihm ist deshalb das Kronenchakra auf unserer Kopfmitte zugedacht. Eine Staude hat sich folgendermassen offenbart:

Ich sage dir, dass ich die Schöpferkraft in einem Menschen verstärken kann. So kann er etwas erschaffen, was vor ihm noch niemand geschafft hat. Ich werde ihm seine Gedanken im Herzen und im Kopf ordnen und sie in höhere Bahnen lenken, damit er gar nicht mehr leidend werden muss.

Unsere Resultate müssen weder einen künstlerischen noch einen weltberühmten Anspruch erheben, sondern dürfen auch den ganz persönlichen Erfahrungsschatz bereichern.
Und dass auch die kopflastige Wissenschaft „nur" mit Wasser kocht, zeigt die ziemlich unkluge Bezeichnung ***Artemisia absinthium*** auf. Der erste Namensteil gibt die Verehrung zur griechischen Göttin Artemis wieder. Sie ist die Göttin der Jagd und die Schutzpatronin der Frauen. ***Absinthos*** ist ebenfalls griechischen Ursprungs und bedeutet „unerfreulich". Bis heute dürfen wir uns damit beschäftigen, was an einer Heilpflanze unerfreulich sein soll?! Darum wäre ich lieber für ***Artemisia ustibilis.*** Das ist lateinisch und heisst auf deutsch „nützlich."

Unsere Erfahrungen haben gezeigt, dass die bioenergethische Verbindung zwischen dem Kronenchakra und dem Wermut den Menschen den Mut bringt, ihre bisherigen Grenzen zu überschreiten, sich auf unbekanntes Terrain zu begeben und geschehen zu lassen, was da kommen will und darf. Der Wermut ist ein wunderbarer Begleiter zur Überwindung des Tunnelblicks, egal wie eng oder breit er sein mag. Dabei kann und darf ein Gläschen zusätzliche Hilfestellung bieten.

Meine eigenen Erfahrungen mit dem Wermut und dem dritten Hauptchakra auf der Kopfmitte, das ich zurzeit mit folgendem Ausleitungsorgan verbinde: Siehe Arbeitsheft.

Der Ackerschachtelhalm (Equisetum arvense, L.) und das vierte Hauptchakra über unserem Kopf

Auch dieser Heilpflanze verdanke ich eine wertvolle Einsicht, die mir von einem alten Bewohner der Wander- und Skiregion Hoch-Ybrig im Kanton Schwyz, einem mittlerweile verstorbenen Mann namens Gerold, bestätigt wurde. Unsere Freundschaft begann mit einem langen Gespräch über das Johanniskraut. Später durfte ich ihn mit selbst gemachtem Johannisöl beschenken, das ihm seine Rückenbeschwerden lindern half, die davon rührten, dass er sein Leben lang im Holz gearbeitet hatte. Er eröffnete mir eine Welt, von der ich höchstens eine kleine Ahnung hatte. Seine Vorfahren hatten ihre Kleidung zwei Mal jährlich mit Asche gewaschen, weil es keine andere Möglichkeit dazu gab. Zum Essen hatte man Gummel, was Schwyzer Dialekt ist und „Kartoffel" heisst, zudem Brot, Käse und Kabis (Weisskohl); zum Trinken gab es Milch und Bergwasser. Gerold durfte über 90 Jahre alt werden.

Eines Tages trafen wir uns oberhalb des Dorfes im Wald, und er erklärte mir mit grösster Selbstverständlichkeit, dass er den Sumpfschachtelhalm seit Jahren erfolgreich gegen seine Abnützungserscheinungen im Skelett täglich trinke. Und zwar eine Tasse davon, dies würde genügen. Der Doktor könne auch nicht mehr tun, meinte er im Brustton der Überzeugung.

Hatte ich hingegen nicht gelernt, dass der Ackerschachtelhalm toxische Erscheinungsbilder und krebsfördernde Alkaloide hervorrufe und Brechreiz verursachen würde?
Gerold lehrte mich, dass wir unsere Welt mit Worten und Taten selber gestalten. Und ich kam zum Schluss, dass die akademische Ebene auch mit Macht- und Imponiergehabe zu tun haben muss, und dort so Manches unnötig kompliziert gemacht wird. Bei meinem Begleiter war ein Schachtelhalm eben ein Schachtelhalm. Von den verschiedenen Arten hatte er glücklicherweise keine Ahnung. Ich merkte, dass Bildung und Intelligenz keineswegs zusammenhängen. Intelligent ist meiner heutigen Ansicht nach ein Mensch, der sich in jeder Lebenslage selber zu helfen weiss. Und da habe ich von den Einwohnern des Bergdorfes im Kanton Schwyz so einiges lernen dürfen.

In meiner Welt nenne ich den Schachtelhalm scherzhaft den „Weihnachtsbaum der Urzeit." Er zeigt auch auf, dass Bäume zu Pflanzen und sicher auch Pflanzen zu Bäumen mutieren können. Versteinerte Zeugnisse aus längst vergangenen Kulturen beweisen, dass unser heutiger

Schachtelhalm einst ein grosser Baum gewesen ist und heute ein Zwergendasein lebt, was aber keinesfalls zu seinem Nachteil sein muss. Er braucht nicht Glanz und Gloria, nicht einmal eine schmückende Blüte. Sein Erscheinungsbild ist klar strukturiert, und es ist darum nicht verwunderlich, dass er mit einem ganz wichtigen Chakra in Verbindung treten darf – nämlich mit unserem vierten, das sich etwa 20 Zentimeter über unseren Köpfen befindet. Es ist die Transformatorenstation zwischen der Zentralsonne und uns Menschen. Ohne den Schachtelhalm und diesem Chakra wäre ich heute keine Mystikerin und ich hätte nicht die Gnade, ein solches Buch schreiben zu dürfen. Zudem hätte ich keine Trinität empfangen können – kurz, ich verdanke nebst der Natur diesem Chakra und der dazugehörenden Pflanze fast alles für mein heutiges, unbeschwertes Leben mit und in der Natur. Auf dieser Höhe nämlich werden die kosmischen Energien, die heute auch freie Energien genannt werden, für uns erfahrbar in Worte gewandelt. Für einen mystischen Menschen ist dies unabdingbar, da sich ein Mystiker das Allermeiste mittels Meditation selber erarbeiten muss. Ein kopflastiger Mystiker kann sich ein oberflächliches Wissen über Mystik aneignen. Dabei ist er vom Empfangen der Trinität aber noch weit entfernt.

Eines Tages bekam ich eine Botschaft von der Ebene der ***Vier Grossen Erzengel:*** Ich solle mir für den nächsten Tag eineinhalb Stunden Zeit nehmen. Meine Seele hatte meinen Körper verlassen und stieg in unbekannte Höhen. Dann durfte ich über einen längeren Zeitraum (wie lange es genau war, kann ich nicht sagen) inmitten reinster Energie an diesem Punkt verweilen. Und genau eineinhalb Stunden später fand ich mich in meinem Körper auf meinem Meditationsstuhl bewusst wieder, und es wurde mir das Wort Trinität offenbart. Seitdem nenne ich Gott die reinste Energie oder auch das vollkommenste Nichts. Es blieb mir jedenfalls kein Mann mit langem weissen Bart in Erinnerung, der über Menschen richtet. Dies wurde mir auch von der Ebene der ***Vier Grossen Erzengel*** offenbart. Darum komme ich auch zum Schluss, dass alle Weltreligionen mit sehr grosser Wahrscheinlichkeit heute zu sehr irdisch-menschlich geworden sind und mit den ursprünglichen, himmlischen Sphären nicht mehr viel zu tun haben. Dort werde ich nämlich kritiklos so akzeptiert wie ich bin, weshalb ich gar nicht in dogmatische Paradigmen (Weltbilder) passe.

Sich selber beschrieb eine Alphapflanze folgendermassen:
Indem ich dir helfen kann, hilfst du auch mir. Du hilfst mir, dass mein Leben in und auf der Erde einen Sinn ergeben kann. Wir suchen alle das Zusammenleben mit euch Menschen, nur wollen dies nur wenige von euch wahrhaben. Durch meine Signatur kann ich die himmlischen Kräfte über euren Köpfen sammeln, sortieren, weiterleiten und euch somit

ermöglichen, dass ihr durch das Kronenchakra auf der Mitte eures Kopfes wichtigere und somit seelisch tiefere Wahrnehmungen als bisher machen könnt und dürft. Und ich kann auch durch meine Signatur dasselbe an meine Geschwister im Pflanzen- und Tierreich weitergeben. Du siehst, eigentlich bin ich ziemlich nützlich und dafür bin ich stolz und dankbar. Weisst Du, nur Stolz allein bringt meistens Unglück. Wenn du aber dem Himmel und der Erde zusätzlich und gleichzeitig dankbar bist, dann, ja dann bist du gut und sicher im Schosse von beiden gebettet. Und da du ohne deinen Atem gar nicht leben könntest, kann ich die Lebenskraft aller mit dem Atem verbundenen Organe wirkungsvoll erhöhen, sofern du mir dabei hilfst. Weisst du auch, dass in eurem Reich viele Menschen bequem im Leben und faul im Denken geworden sind und glauben, sie bräuchten nur dazuliegen, um auf diese Weise sie wieder gesund zu werden? Ich aber sage dir, so einfach geht es nirgends im Reiche der Schöpfung zu, da der Wille von dir kommen muss und nicht einfach durch blinden Glauben hergezaubert werden kann. Blinder Glaube stammt aus euren Köpfen, und sehender Glaube kommt aus euren Herzen, die ihr immer noch sehr vernachlässigt, die aber eure Zukunft sind. So, nun habe ich ganz viel von mir preisgegeben, weil wir dich, Marianne, mittlerweile alle kennen und dir für deine Arbeit dankbar sind. Trage deine Arbeit hinaus in die Welt, lasse die Blinden blind sein und führe die Erwachten durch das Smaragdine Tor *in unser unendliches Reich der Harmonie von Himmel und Erde. Eines möchte ich noch hinzufügen: Kopflastige Menschen sehen aus unserer Sicht aus wie Stängel, die existieren, aber nicht wissen, warum. Mich macht es traurig, wenn sie blind an uns vorbeiziehen oder laufen und verzweifelt ein Ziel suchen, das sich ihnen so nicht offenbaren kann.*

Jede Pflanzenpopulation, hat, wie auch im Reich der Bäume, eine Alphapflanze, die wir niemals für unsere Zwecke benutzen sollten, da sonst die ganze Population geschwächt und daraufhin anfällig für Krankheiten wird. Die Alphapflanze ist die grösste und stärkste und kann bei genauem Hinsehen leicht erkannt und vor allem respektiert werden. Sie nämlich erfasst als Erste die nährenden Energien von Himmel und Erde und gibt sie dann an die anderen weiter.

Nun werden Sie vielleicht die angebliche Wucherpflanze, die auch respektlos Unkraut genannt wird, in Ihrem Garten künftig ebenfalls mit anderen Augen betrachten.

Meine eigenen Erfahrungen mit dem Schachtelhalm und dem vierten Hauptchakra über meinem Kopf, das ich zurzeit mit folgendem Ausleitungsorgan verbinde: Siehe Arbeitsheft.

Der Erzengelwurz (Angelica archangelica, L.) als Quinta Essentia und das fünfte Hauptchakra in unserem Herzen

Der Echte Engelwurz kann bis zwei Meter hoch werden und ist schon allein seiner Grösse wegen die ideale Pflanze, um uns energetisch mit dem Herzchakra, also unserem Lebensspender, zu verbinden. In unseren Breitengraden kommt er in feuchten Wiesen, an Flussufern und in Gebirgsschluchten bis ca. 3000 Meter über dem Meer vor. Seine Doldenblüten sind weisslich. Häufiger als dem Erzengelwurz begegnen wir dem kleineren Waldengelwurz mit seinen grünlicheren Blütenständen ***(Angelica sylvestris, L.)***.
Beim Echten Engelwurz strömen die Blätter beim Zerreiben einen starken, moschusartigen Geruch aus. Die Samen der Blütendolden können geröstet werden und beispielsweise beim Garnieren von Suppen Anwendung finden. Die Blattscheiden wiederum werden in den nordischen Ländern als Wildgemüse gegessen. Und der hohle Stängel kann als Pflanzen-Digeridoo Naturklänge zaubern und so die Herzen berühren.

Die Wurzel findet bis heute im Benediktiner- und Karthäuserlikör Verwendung. Darum ist es auch nicht verwunderlich, dass dieser mächtige Kraftstrotz der Sage nach auf der einen Seite dem Erzengel Raphael und auf der anderen der Sonne gewidmet ist. Nie werde ich ein ganz stolzes Exemplar im Waadtland vergessen, das von der untergehenden Sonne in Gold gehüllt wurde und tatsächlich die Gestalt des Erzengels Raphael annehmen durfte. Dies sind die unvergesslichen, bereichernden Augenblicke im Leben, die mit keinem Geld der Welt abgegolten werden können. Sie sind der Lohn aus dem Grünen Reich der Erdmutter Gaia für unsere Zuneigung, unseren Respekt, unsere Achtsamkeit und unsere Liebe zu ihr und allen anderen Mitgeschöpfen auf diesem Planeten. Sie treten dann in unser Leben, wenn wir verstanden haben, dass Machtausübung über andere noch nie im Sinne von Vater Himmel und Mutter Erde gewesen ist, und unser kopflastiges Schwarz-Weiss-Denken ganz wenig mit Naturverbundenheit zu tun hat. Spontan kommen mir mit diesen Farben die Elster, der Pinguin und einige Hunderassen, wie der Berner-Sennenhund, der Dalmatiner oder der Spaniel, in den Sinn. Noch nie aber habe ich eine schwarz-weisse Wiese oder einen schwarz-weissen Wald angetroffen, und genauso bunt sind wir Menschen mit unseren verschiedensten Charakterbildern auch.

Mit dem Erzengelwurz ist die Trilogie über die Heilpflanzen abgeschlossen. Sie besteht aus folgenden Publikationen:

1. Die Schlüssel zum Tor des Neuen Wissens

2. Die Goldenen und Smaragdinen Heilpflanzen

3. Die Wieder-Heiligung der Menschen und der Heilpflanzen im Ur-Zustand der wahrhaftigen Trinität

Meine eigenen Erfahrungen mit dem Engelwurz und dem fünften Hauptchakra in meinem Herzen, das ich zurzeit mit folgendem Ausleitungsorgan verbinde: Siehe Arbeitsheft.

Mit dem Erzengelwurz haben wir zudem die höchste Ebene des menschlichen Daseins erreichen dürfen. Es ist die alchimistische Quinta Essentia – nicht die der Urtinktur, sondern die der Schöpfungsabsicht, die dahinter steckt. Dies ist auch ein Grund für grosse Dankbarkeit, ein solches Buch schreiben oder lesen zu dürfen.

Verneigung in Demut vor der gesamten Schöpfung

Wir verneigen uns noch einmal in tiefster Demut vor dem **DREI MAL WEISEN HIMMEL** und der **DREI MAL WEISEN ERDMUTTER**, welche uns **BEIDE** wieder in ihre Arme geschlossen haben.

Wir verneigen uns noch einmal in tiefster Demut vor dem **DREI MAL WEISEN HERMES TRISMEGISTOS,** der für uns Menschen das Tor zur wahrhaftigen Bestimmung geöffnet hat.

Wir verneigen uns noch einmal in tiefster Demut vor dem **DREI MAL WEISEN WAHRHAFTIG HEILIGEN JOHANNES**, der mit der Offenbarung des Ur-Alphabetes dieses Buch möglich gemacht hat.

Wir verneigen uns noch einmal in tiefster Demut vor den **DREI MAL WEISEN VEDEN**, *welche die* **HEILIGUNG DER GESAMTEN UMGEBUNG** von uns **MENSCHEN** möglich gemacht haben.

SO SEI ES! **SO SEI ES!** **SO SEI ES!**

Vita

Marianne Elisabeth Ziegler verfügt mittlerweile über eine 30-jährige Erfahrung in der Spiritualität für Die Neue Zeit und ist eine Mystikerin, deren Berufung auf der Kabbala und der Hermetik aufgebaut ist. Sie ist Trägerin der Trinität, der heiligen Dreifaltigkeit von Himmel-Mensch-Erde, was Voraussetzung für eine grundlegende Richtungsänderung für die Menschheit ist. Zudem hat sie ein Musikstudium mit Hauptfach Querflöte absolviert und eine fundierte, anerkannte Ausbildung in Phytotherapie in Freiburg im Breisgau erhalten.

Im Jahre 2008 gründete sie die Akademie für Naturgelehrte in Unteriberg, Kanton Schwyz. Die Studierenden dürfen sich wie eine Heilpflanze begleitet von Meditation, Musik, Heilpflanzen, Heilbäumen und Wildtieren aus sich selbst heraus weiterentwickeln. Dieser Weg hat sich mittlerweile als sehr tauglich zur Überwindung der Probleme für die heutige Menschheit erwiesen hat. Nähere Infos: **www.millefolium.ch**

Marianne Elisabeth Ziegler kann für Vorträge, Seminare und auch für Studiengänge in den Bereichen Sphärenklänge in der freien Natur, Heilpflanzen und Heilbäume im In- und Ausland engagiert werden. Sie spricht nebst Deutsch auch fliessend Englisch, Französisch und Italienisch. Anfragen bitte an **millefolium@bluewin.ch**

Marianne Elisabeth Ziegler

Dank

Ein herzliches Dankeschön geht an:

Vater Himmel und Mutter Erde
An den Drei Mal Weisen Heiligen Johannes
An den Drei Mal Weisen Hermes Trismegistos und seine Tabula Smaragdina
An die Drei Mal Weisen Veden

sowie in alphabetischer Reihenfolge an

den Künstler **Alfons Bürger**, Steinen, der mir seine Körperschriften auf dem Buchtitel überlassen hat;

den Tontechniker **Giovanni Dolci**, Zürich, der mich bei den Aufnahmen zum USB Stick begleitet hat;

das Studio **Dreamsound**, Einsiedeln, welches den passenden Rahmen für die Aufnahmen geboten hat;

Horst und **Birgitt Heigl**, Deutschland, für das Überlassen einiger Fotos aus ihrem Buch „Agnihotra";

Michael Heinzer und **Peter H. Kuster** von der Druckerei Triner in Schwyz für ihre Zuverlässigkeit und Professionalität in Sachen Buchherstellung;

Martina Lang, Deutschland, für das Mandala;

meine ehemaligen Studentin **Michaela Ina Schulz-Matan**, Schweiz, für die Fotos der verschiedenen Heilpflanzen;

Petra Stefiz-Huber, England, für ihre Quellenangaben und die erste Durchsicht des Textes;

Carlos Michael Torres, Martina Fuß, Giovanni Garretta und Marco Sinn
www.torres-fuss.de, Deutschland, für Gestaltung und Layout von Buchumschlag, Innenseiten und die Illustrationen.

u.a.m.

Bildnachweise:

Fotos in chronologischer Reihenfolge:
Titelbild: Michaela Ina Schulz-Matan; Alfons Bürgler. Inhalt: Alfons Bürgler; © Fotolia psdesign1; © Wikipedia Rubin Museum of Art; © Wikipedia Misburg3014; Martina Lang; Brennerei von Glen Ord; SAS DirectIndustry; C. Torres; Deutsches Apothekenmuseum; © Fotolia Sarka; S. 38 -51 Horst und Birgitt Heigl; © Wikipedia; W. B. Richmond; © Panthermedia bo1; © Fotolia Franz Peter Rudolf; © Fotolia NCAimages; © Panthermedia Dar1930; © Panthermedia ruhrie; © Fotolia Miroslav Beneda; S. 92-94, 98, 102, 106-122, 128, 138, 142, 146, 150-154 © Michaela Ina Schulz-Matan; © Fotolia edan; © Panthermedia hkratky; © Panthermedia rbiedermann; © Fotolia Christian Pedant; © Panthermedia carmenrieb; © Fotolia milosk50; © Panthermedia LutzRose; © Panthermedia DieBolle; © Wikipedia Wolfgang Frisch; © Wikipedia; © Panthermedia ernstboese; © Fotolia asafeliason; © Fotolia daskleineatelier; © Fotolia Oleg Zhukov; © Fotolia Oleg Zhukov; © Wikipedia; © Wikipedia Van Gogh Museum Amsterdam

Quellen

Unterrichtsmanuskript der Akademie für Naturgelehrte, Unteriberg 2007/2008 und 2013.

Marianne Elisabeth Ziegler, Die Schlüssel zum Tor des Neuen Wissens, Basel 2003

Marianne Elisabeth Ziegler, Die Goldenen und Smaragdinen Heilpflanzen, Der Urzustand der naturwissenschaftlich untermauerten Medizin als Basis für die Neue Ära der Heilkunst, Unteriberg 2011

Die Heilige Schrift, Verlag Katholisches Bibelwerk, Deutsche Bibelgesellschaft, Stuttgart 1981

Gebelein/Burkhardt, Die Smaragdinen Tafeln des Hermes Trismegistos, aus: Paracelsusmedizin, verschiedene Autoren, Aarau 2001

Jason Leen, Die Öffnung des Smaragdtores, Seminarmanuskript 2001

Spezifische Referenzen im Buchtext

I Michael Maier: Atalanta Fugiens. Frankfurt. 1618.

II www.millefolium.ch

III Potdar, Manohar Madhavji, Agnihotra for Equlibrium of Natur and Enhancement of Human Life, 1990.

IV Horst und Birgitt Heigl, Agnihotra, Ursprung, Praxis und Anwendungen, Heiligenberg 2011.

V Gebelein/Burkhardt, Die Smaragdinen Tafeln des Hermes Trismegistos, aus: Paracelsusmedizin, verschiedene Autoren, Aarau 2001.

VI Spuren Magazin Schweiz, Artikel „Das Prinzip Vergebung" mit Referenz zu Desmond & Mpho Tutu, Das Buch des Vergebens, Berlin 2014.

VII Wie Anmerkung **V**

VIII The Naming of Names. The Search for Order in the World of Plants, London 2005. Die deutsche, leicht gekürzte Ausgabe mit dem Titel „Wie die Pflanzen zu ihren Namen kamen – eine Kulturgeschichte der Botanik" erschien 2008 in Berlin.

Nützliche Kontakte zu diesem Buch:

Zum Nachbestellen des Arbeitsheftes und zur Auslieferung des Buches:

Druckerei Triner AG
Schmiedgasse 7
CH-6430 Schwyz
Tel: ++41/ (0)41 819 08 10
www.triner.ch

Weitere Informationen zum Homa:

Homahof Heiligenberg,
Oberhaslach 6
D-88633 Heiligenberg
Tel: ++49/ (0)7554 283
www.homa-hof-heiligenberg.de

Keramikmesser für den sachgemässen Umgang mit Heilpflanzen:

Victorinox AG
Schmiedgasse 57
CH-6438 Ibach-Schwyz
Tel:++41 (0)41 81 81 211
www.victorinox.com

Für Heilpflanzen mit dem gewissen Etwas:

Allgäuer Kräutergarten
Artemisia
Hopfen 29
D-88167 Stiefenhofen im Allgäu
Tel: ++49 (0)8386 96 05 10
www.artemisia.de

Kontakt zur Autorin:

Marianne Elisabeth Ziegler
Brentenstr. 68
CH-8842 Unteriberg
www.millefolium.ch
und www.initiative-herzwissen.com
millefolium@bluewin.ch

Marianne Elisabeth Ziegler ist keine Therapeutin und auch keine Heilerin und empfängt dazu auch keinen Besuch. Weiter nimmt sie an keinen Diskussionsrunden über richtig oder falsch und über andere Religionen teil und äussert sich auch nicht in diese Richtungen.
Sie kann aber gerne für die Methodik zum wahrhaftigen Christentum, über Heilpflanzen, Baumheilkunde und Sphärenklänge kontaktiert, und zu diesen Themen für Vorträge und Seminare angefragt werden.